문과생 제약회사로 출근합니다

마케터가 들려주는
글로벌 제약사의 세계

문과생
제약회사로
출근합니다

MEDICAL

백소영 지음

문송합니다의 시대? 주눅들 필요 없다

언젠가부터 취업 시장에 '문송합니다'라는 말이 들리기 시작했고, 취업을 위해 IT 계열 학원까지 다닌다는 얘기를 들으니 문과생들의 고달픔이 느껴져 마음이 아파졌다. 내가 취준생들에게 왜 IT 기업으로 가고 싶은지 물어보면 그 회사가 제공하는 높은 연봉, 수평적 분위기, 우수한 복지 등의 혜택을 원한다고 말한다. 그렇다면 위의 혜택들을 꼭 IT 회사만 제공하고 있을까?

나의 20대도 그들과 같았다. 취업은 해야 했지만 정작 어떤 산업군과 회사가 있는지 몰랐다. 그래서 무작정 몸으로 부딪혀가며 관심 직무 아르바이트도 해보고, 박람회에서 만난 현직자에게 얘기를 들어보기도 했다. 그야말로 무모하게 밤낮없이 치열하게 고민한 끝에 지금 이 자리에

왔다. 하지만 취준생들에게 나처럼 해보라고 권하고 싶지 않다.

'아프니까 청춘이다'라는 말은 어디까지나 내 일이 아닐 때의 얘기다. 누구나 이왕이면 편하고 빠른 길을 찾는다. 그래서 나는 모든 취준생이 바라보고 있는 '네카라쿠배당토'나 대기업에서 시선을 돌려 다양한 복지를 제공하는 제약회사의 세계를 소개하고자 한다.

남들 눈에 좋아 보이는 회사가 아닌 나한테 잘하는 회사를 찾자

20대 때 내려놓기 어려운 것이 바로 다른 사람들의 시선이다. 내 명함에 있는 누구나 아는 회사의 로고, '○○회사 다닌다'라고 소개했을 때 나오는 탄성, 부모님의 어깨에 힘이 들어가는 모습을 보면 뿌듯해진다. 하지만 사원증을 목에 건 순간의 행복은 그리 오래 가지 못하고 언젠가부터 나를 옭아매는 목줄로 느껴지기 시작한다. '취준생들의 꿈은 취업이고, 직장인들의 꿈은 퇴사다'라는 우스갯소리가 있듯이 직장 생활을 해보면 결국 나에게 잘하는 회사가 좋은 회사라는 것을 깨닫는다.

코로나19로 최근 화이자제약, 아스트라제네카, 모더나와 같은 외국계 제약회사가 대중에게 알려지기 시작했지만, 아직 업계 사람이 아닌 일반인들에게 외국계 제약회사 이름은 생소하다. 하지만 나는 외국계 제약회사에 10년 넘게 다니면서 남들보다 높은 연봉을 받았고, 30대에 이미 억

대 연봉을 받을 수 있었다. 나는 자유롭게 의견을 주장하고 복지 혜택을 눈치 보지 않고 누릴 수 있는 분위기 속에서 회사 생활하고 있고, 남들 눈에 보기 좋은 회사가 아니라 내게 잘하는 회사에서 일하면서 즐거움을 찾았다.

레드오션에서 고생 말고 블루오션을 공략하자

나는 취준생들에게 제약회사에 지원하라고 적극적으로 추천한다. 하지만 문과생이라는 이유로, 학력이 석사가 아니라는 이유로, 잘 모르는 기업이라는 이유로 일단 선을 긋는다. 정작 현실에 이런 조건들은 제약회사 취업에 걸림돌이 되지 않는데도 말이다. 그리고 제약회사에 지원하는 이력서, 자기소개서를 보면 직무에 대해 제대로 이해하고, 취업을 위해 준비한 노력이 보이는 사람은 정말 드물다.

제약회사에 관심이 낮은 이유는 업계가 좋지 않아서가 아니라 대부분 알지 못해서다. 관심도가 낮다는 것은 경쟁률이 낮다는 말이다. 똑똑한 사람은 이런 상황을 역으로 이용할 줄 안다. 낮은 경쟁이라는 외부 기회 요인과 맞춤형 인재라는 강점이 만나면 제약회사 합격은 프리패스가 될 수 있기 때문이다. 결국 자신을 제약회사 맞춤형 인재로 만드는 것이 중요하다.

하지만 무엇을 준비해야 할지 어떤 업무를 하는지 혼자 알기는 쉽지 않다. 제약산업은 공개되어 있는 정보가 매우 적어 찾기 어렵다. 간혹 정보를 찾아도 회사가 주관해서 만든 글이거나 직무 인터뷰, 유튜브의 직장 탐방 영상들이 대부분이어서 '과연 저게 진짜일까?' 싶은 생각이 들기 마련이다.

그래서 나는 이 책 한 권으로 제약회사 취업에 성공할 수 있도록 맞춤형 스펙을 갖추는 방법, 제약산업 기초 이론과 직무 소개, 회사 선택에 참고할 수 있는 각종 데이터와 꿀팁을 기술해 두었다. 그리고 좀 더 생생하게 제약회사의 세계를 이해할 수 있도록 지난 10년 이상 마케터로 일하면서 경험했던 에피소드들도 담았다.

나는 20대에 이러한 지식을 알려줄 멘토가 없었지만, 내가 겪었던 시행착오를 겪지 않았으면 하는 마음에 최선을 다해 적었다. 청춘은 돌아오지 않고, 굳이 하지 않아도 될 스펙 쌓기로 청춘을 낭비할 필요도 없다. 이미 그 길을 가본 사람의 안내도에 따라 꼭 필요한 것만 준비해보자. 앞으로 펼쳐질 다양한 길이 있겠지만, 내가 이 책을 통해 보여준 길이 마음에 든다면 나를 믿고 한 번 도전해보기를 바란다.

백소영

차례

들어가며   4

1장   문과생 제약회사에 입사하다

넌 뭐가 되고 싶니?   15

나홀로 제약회사에 지원하다   18

나는 입사가 아닌 입대를 했다   21

두드려라! 응답이 올 것이다   25

외국계 제약회사에서 맛본 신세계   29

비난이 아닌 피드백   33

나는 차별받는 것이 좋다   36

외국계 제약회사 워킹맘, 그들이 사는 세상   39

지금은 추천한다 그때는 아니었지만   45

2장   제약산업은 채용난이 아닌 구인난?

뜨는 산업과 지는 산업, 당신의 선택은?   51

2030년, 제약산업은 더욱 빛날 것이다   53

지금이 IT시대라면 미래는 제약·바이오시대   57

제약회사 직무 절반 정도가 전공 무관   60

제약회사 평균연봉이 대기업보다 높다?   65

모두 대기업이나 공무원을 바라볼 때 나는 제약회사로 간다   69

3장 제약회사 지원 전 알아야 할 직무

여러 부서가 하나의 조직체처럼 움직이는 제약회사   75

생산/품질 부서 직무를 알아보자   77

임상 허가 부서 직무를 알아보자   84

판매 부서 직무를 알아보자   90

지원 부서 직무를 알아보자   99

4장 제약회사 마케터가 들어가 본 제약 세계

주니어 마케터와 신입 영업 사원의 하루   109

학술 팀, 그들은 아군인가, 적군인가?   113

의약품 허가, 이런 게 나비효과일까?   116

허리케인으로 공장이 무너졌다구요?   119

학술대회 홍보 부스 판촉물을 가져가는 사람들   122

사장님 전화 바꿔달라구요? 저희 사장님 외국인이에요…   127

가깝고도 먼 사이, 미디어   131

화성에서 온 A사, 금성에서 온 B사   135

5장 제약회사 지원 전 준비해야 할 8대 스펙

청춘을 낭비하는 스펙은 노   141

제약회사 취업을 위한 맞춤형 스펙을 만들자   143

제약회사 취업을 위한 기본 스펙 다지기   146

제약회사 취업을 위한 집중 스펙 다지기   152

6장 자소서 쓰기 전 알아야 할 제약산업의 기본

제약산업의 '제'도 모르고 쓰는 자기소개서는 광탈!   169

의약품을 구분하는 기준을 알아보자   171

전문의약품, 일반의약품이 뭐죠?   173

화학 의약품과 바이오 의약품의 차이는?   178

약에도 오리지널과 카피가 있다구요?   182

국민건강보험제도를 아는 것은 기본   186

국민건강보험료, 꼭 내야 할까?   190

치료비를 적게 내는 합법적인 방법이 있다   194

부르는 게 값인 약이 있다   199

제약산업은 규제에서 벗어날 수 있을까?   202

의약품 광고는 불법이다?   205

합법적인 리베이트가 있다?   209

7장 이제는 실전! 제약회사, 이렇게 지원하자

제약회사에 지원하기 전 알고 있어야 하는 것들   215

국내 제약회사와 외국계 제약회사 뭐가 다를까?   218

어떤 국내 제약회사에 지원해야 할까?   224

현직자의 솔직 리뷰로 회사를 걸러내자   231

내수 중심과 수출 중심 중 어느 쪽이 유리한가?   233

외국계 제약회사에는 어떤 회사들이 있을까?   236

외국계 제약회사 입사하기   241

제약회사 채용 공고와 트렌드 이곳을 공략하라   245

제약회사 합격을 위한 원칙 열 가지   250

부록   261

1장

문과생
제약회사에
입사하다

넌 뭐가 되고 싶니?

"넌 뭐가 되고 싶니?"

사람들은 항상 나에게 질문을 던졌다. 그래서 나는 어렸을 때부터 이 질문이 싫었다. 어떤 직업이 있는지도 모르던 초등학교 시절부터 끊임없이 이 질문을 받아왔으니 말이다. 끊임없이 답을 찾아봤지만, 수능이 끝나고 대학과 전공을 선택해야 하는 시기에도 나는 여전히 내가 뭐가 되고 싶은지에 대한 답을 찾지 못했다.

당시에 나는 원하던 대학에 합격하지 못해서 재수를 하고 싶었지만, 몸이 약하다는 이유로 부모님의 반대가 심했었다. 결국 어쩔 수 없이 수능 점수에 맞춰 서울에 있는 한 대학교의 경제학과에 진학했고, 고향을 떠나 홀로 서울 생활을 시작했다.

그렇게 1학년 신학기를 시작하는 시기에 학교 기숙사에서 일본인 룸메이트를 만났다. 교환학생으로 일본에서 온 룸메이트는 여전히 낯설기만 했던 서울을 즐길 수 있도록 해준 은인이었다. 고등학교 때 배워둔 일본어 덕분에 일본인 친구와 대화가 가능했고 함께 서울의 이곳저곳을 다녔다. 덕분에 나는 대학 생활에 적응할 수 있었고 새로운 도전을 꿈꿀 수 있었다.

결국 이 친구의 영향으로 나는 일본 교환학생 선발에 응시했다. 일본에서 생활하면서 학점을 이수할 수 있는 교환학생 제도는 나에게 매력적으로 다가왔다. 나는 선발에 합격했고 2학년 신학기가 시작되기 전 도쿄로 떠났다.

일본 생활은 나의 인생에 큰 바람을 일으켰다. 해외에서 외국인으로 산다는 것은 나를 주변 시선으로부터 자유롭게 만들어줬다. 개성있는 옷을 입고 하라주쿠 거리를 가득 채운 사람들과 시부야에서 버스킹을 하는 친구들을 보면서 주변 시선을 신경 쓰지 말고 내가 하고 싶은 일을 찾아야겠다고 결심했다.

그렇게 1년간의 일본 생활은 내 인생의 커다란 반환점이 됐고, 한국으로 돌아온 뒤 나는 마치 브레이크가 고장 난 자동차처럼 해보고 싶은 것은 모두 다 도전하기 시작했다.

'나는 어떤 일을 하고 싶은 걸까?' 이 질문에 대한 답을 찾기 위해 나는 단순 무식하지만 직접 부딪혀보기로 했다. 우선 일본어가 특기였기 때문에 내가 잘할 수 있는 일부터 시작했다. 외국인 가이드를 하면서 남대문 시장, 이태원에 깃발을 들고 이리저리 휘저으며 다녀보기도 하고, '연예인 기획사에서 일하는 건 어떨까?' 하는 생각에 연예인 팬미팅 통역을 해보기도 하고, 컨벤션 업무에도 관심이 있었기에 여러 컨벤션 행사에 스태프로 참여하기도 했다. 이처럼 낮에는 아르바이트하고, 밤에는 직장인들을 위해 개설된 야간 대학 강좌를 신청해서 밤 9시가 넘을 때까지 수업을 들었다. 그러던 중 드디어 '이게 나의 길이다'라고 결심하게 된 아르바이트를 만났다.

글로벌 제약 메디컬 회사에서 의사를 대상으로 개복수술에 사용하는 봉합사에 대해 소개하는 전국 단위 설명회를 기획 중이었고, 종합병원에서 일본 강연자의 강의를 통역해 줄 아르바이트를 구하고 있었다. 지금 생각해보면 일반 통역사들도 어려워하는 의료 순차 통역을 초보자인 나에게 맡긴 회사도 신기하고, 의학 용어를 하나도 모르면서 무작정 지원한 나도 참 신기하다. 이런 것이 운명이 아닐까 싶을 정도로 뜻밖의 기회였다.

처음 해보는 의료 순차 통역이었지만 예상보다 순조롭게 진행되었다. 주요 의료 용어 몇 가지만 익히니 강의 내용이나 의사들의 질문을 통역하는 것은 어렵지 않았고, 통역을 진행하는 나의 모습은 자존감을 한껏 올려 줄 만큼 만족스러웠다. 첫 의료 통역의 성공적인 기억과 두근거림으로 나는 의료 통역사가 되기로 결심했다.

드디어 내 인생에서 처음으로 "넌 뭐가 되고 싶니?"라는 질문에 "저는 의료 통역사가 되고 싶습니다"라고 당당히 말할 수 있었다.

나홀로 제약회사에 지원하다

통역사가 되기 위해서는 통역대학원에 입학해야만 했다. 하지만 나는 그냥 통역사가 아니라 의료 전문 통역사가 되고 싶었고, 대학원에서 단순히 일본어만 공부할 것이 아니라 그전에 의료 용어를 알아야겠다는 생각이 들었다. 대학원은 그 후에 가도 늦지 않을 거라는 생각에 이르자, 어떻게 하면 의료 용어를 익힐 수 있을지 고민하던 중 자연스럽게 제약회사가 떠올랐다.

'제약회사는 의료 용어도 많이 사용하고 여러 의사들과 만나니까 자연스럽게 의료 용어에 익숙해질 수 있을 거야.' 생각이 여기까지 이르자 나는 친구들이 고연봉 또는 안정적인 직업으로 여겨졌던 은행, 증권사, 교직의 길을 택할 때 홀로 제약회사에 지원했다. 당시 나는

《너의 무대를 세계로 옮겨라》라는 마케터 안석화 님의 책에 푹 빠져 있었기 때문에 부서에 대한 고민은 하지도 않았고 바로 제약회사의 마케팅 부서로 지원했다.

대학교 3학년 때부터 이것저것 시도했던 활동들 덕분에 이력서와 자기소개서에 작성할 콘텐츠를 뽑아내는 것은 어렵지 않았다. 제약 회사 심포지엄 통역을 통해 제약회사 마케터 활동을 간접적으로 경험한 것도 이력으로 작성했고 의료 컨벤션 아르바이트도 이력서에 넣었다. 당시 아시아·태평양 소화기 주간 학술대회, 암 학회, 감염 예방 학회, 외과 학회에서 스태프로 일하면서 자연스레 제약회사의 홍보 부스와 판촉 활동을 볼 수 있었다. 그리고 '의료 관광으로 외국인을 유치해서 창업해보는 건 어떨까?'라는 생각에 지원한 문화관광부 주최 의료 관광 코디네이터 과정을 통해 병원 실습도 해본 경험이 있었다.

당시 나는 제약회사를 목표로 하고 스펙을 쌓았던 것은 아니었지만, 시간을 쪼개 낮에는 아르바이트, 밤에는 전공 수업을 들으며 이런저런 활동을 하다 보니 어떤 직무를 목표로 하더라도 수많은 콘텐츠 중 하나를 뽑아내는 것이 가능했다. 이처럼 제약회사 맞춤형으로 골라 만든 나의 이력서와 자기소개서는 서류를 통과하는데 어려움이 없었고, 결국 합격을 위해서는 면접을 잘 준비하는 것이 중요했다.

1차 면접을 앞두고 인터넷 기사를 검색하면서 그 회사에서 제일 잘나가는 제품과 제품의 특성에 대해 파악했다. 당시 위식도 역류질환에 쓰이는 제품이 그 회사의 주력 상품이었고, 다양한 제형을 갖고 있었다. 그리고 최근에 출시한 구강 내 붕해정은 물 없이도 쉽게 입에서 녹는다는 장점이 있었다.

나는 회사의 제품에 대해 파악한 후, 자기소개를 이 회사의 대표 제품들의 특성에 빗대어 준비했고 실제 면접에서 각 제품의 특징을 나의 장점과 연관 지어 하나씩 설명했다. "고객의 편의에 맞춰서 다양한 용량과 제형을 제공하는 이 제품처럼, 저 또한 고객의 니즈(needs)에 맞는 전략과 전술을 구사해낼 수 있는 마케터입니다. 그리고 물 없이도 쉽게 녹는 구강 내 붕해정처럼 여러 아르바이트, 봉사활동 등의 사회 경험을 통해 어떤 조직에도 쉽게 녹아들 수 있는 조직원입니다"라는 점을 강조하면서 자기소개를 마쳤다.

면접을 위해 준비한 게 하나 더 있었다. 기업 조사를 해보니 회사 대표 제품 중에 파스가 있었고 나는 면접 전날 그 회사의 파스를 사서 면접장에 들어갈 때 치마 뒤에 숨겨서 들어갔다. 그리고 기다렸던 "마지막으로 하고 싶은 말이 있냐?"는 면접관의 얘기에 나는 숨겨뒀던 파스를 들고 외쳤다. "저는 이 파스가 필요할 정도로 이 회사의 업무를 열심히 배우고 일할 준비가 돼있습니다. 꼭 다시 뵐 수 있으면 좋겠습니다."

결과는 최종 합격이었다. 드디어 나는 제약회사에서 첫 커리어를 시작할 수 있었다.

나는 입사가 아닌 입대를 했다

2008년 내가 입사할 당시만 하더라도 국내 제약회사의 여성 비율은 많지 않았다. 영업 팀의 경우에는 수백 명의 전국 영업 사원 중 여직원 수는 손으로 꼽을 정도로 적었고, 마케팅 팀에도 남자 직원들이 대부분이었다. 그 시절의 제약회사를 보면 남성 비율이 80~90%에 가까웠다. 그래서인지 나의 첫 회사는 입사가 아닌 입대와 같았다.

입사를 하니 '기수'라는 것이 주어졌고, 사수가 생겼다. 신입인 나의 하루는 정수기 통에 물을 채우는 것으로 시작됐고, 창고 정리 업무, 택배 업무 등도 모두 나의 몫이었다. 어떤 날은 지하 창고에서 판촉물과 브로슈어 배송을 위한 포장 작업을 하느라 반나절 이상을 그곳에서 보내는 날도 있었다.

주간에는 자료를 분석하거나 제품 브로슈어의 내용을 구성하는 내근이나 고객을 만나는 외근을 하고 업무 시간이 끝난 저녁시간에는 영업 팀의 요청으로 제품 설명회를 위해 전국을 돌아다녔다.

정기적으로 진행됐던 영업 지점 교육 시즌에는 마케팅 부서의 선배들과 함께 전국 지점을 순회공연처럼 다니는 경우도 많았다. 지방 출장을 다닐 때마다 가장 힘들었던 것은 숙박이었다. 나를 제외하고 우리 팀은 전부 남자 선배들이었고 1인당 출장 숙박비가 5만 원이 최대였기 때문에 불편했던 적이 많았다. 설명회가 끝나면 항상 영업 팀과 거한 회식이 이뤄졌는데, 회식이 끝나면 모두 모텔로 가서 자고 또 다음 날 새벽부터 다른 지점으로 떠나는 것이 이 회사의 일반적인 패턴이었다.

첫 지방 영업 지점 교육을 하러 갔을 때 신입사원이었던 나는 '별나다', '여자는 이래서 안 된다'라는 소리를 들을까 싶어 모텔에서 자기 싫다는 얘기를 차마 입 밖으로 꺼내지 못했다. 그래서 신입 1년 차에는 어떻게든 잠을 자야겠다는 생각에 캐리어에 이불을 싸 들고 출장을 다녔고, 3년 차가 되니 요령이 생겨 호텔로 숙박을 잡고 회사 지원금 외의 금액은 개인비용으로 결제하고 잠을 청했다. 호텔이 없는 지역을 갈 때는 제일 깨끗한 모텔을 파악해서 그곳만 갔다. 그러다보니 어느샌가 단골이 됐고 출장 가기 전날에 사장님께 전화하면 미리 조용한 방으로 빼주기도 하셨다.

회사에서 연차가 늘어날수록 후배 기수들도 늘어났고 그들이 내

일을 맡으면서 점점 잡무에서 제외됐다. 그러면서 좀 더 마케팅 업무에 집중할 수 있었다. 그렇게 군대식 기수 문화와 완벽한 '다나까'체를 체득하고 이제 몸이 좀 편해질 수 있는 연차가 됐지만 나는 결국 3년 차에 퇴사를 결심했다. 이곳에선 내 미래가 보이지 않는다고 느껴졌기 때문이다.

나는 3년 동안 업무에 정말 최선을 다했다. 지방에서 진행하는 파트너사의 교육을 위해 새벽에 집을 나서다 계단에서 굴러 발이 힐에 들어가지 않는 상황에서도 KTX를 타고 지방으로 향했고, 교육을 다 마무리하고 병원에 갈 정도로 내가 맡은 일에 책임감을 갖고 일했다. 하지만 내가 다니고 있는 이곳은 열심히 하는 사람들이 인정받을 수 있는 회사가 아니었다. 결국 나는 내가 낄 곳 하나 없는 그들만의 세상에서 탈출하기로 했다.

퇴사를 결심한 뒤 나는 선택의 기로에 놓였다. 원래 가고자 했던 통역대학원에 진학할 것인지 아니면 다른 제약회사로 이직을 할 것인지에 대한 생각 정리가 필요했다. 그리고 고민 끝에 결국 통역대학원 진학을 포기했다. 제약회사에 입사하고 업계에서 일하다 보니 일본어 의료 통역 시장의 수요가 매우 적다는 것을 깨달았기 때문이다. 대부분의 의료 심포지엄은 영어로 이뤄졌고, 우리나라의 의료 기술도 급격한 발전을 이루면서 일본 강연자의 섭외가 줄어드는 추세였다. 결국 회사를 관두고 일본어 의료 전문 통역사로 일을 시작한다면 경제적으로 여유롭기는 어렵겠다는 생각이 들었다. 그리고 내가 진로를 바꾼 또 하나의 이유는 큰 기대 없이 시작했던 제약 마케팅 업무가 너무나 적성에 맞았기 때문이다. 일하면서 접하게 된 전략을 수립하고 실행하는 시장 분석과 고객과의 커뮤니케이션 업무가 너무 재미있었고, 아직 배우고 싶은 것도 많이 남아 있었다.

그렇게 나는 나의 길이라 확신했었던 한-일 의료 전문 통역사의 꿈을 제약회사 입사 3년 만에 내려놓고 제약 마케팅 전문가를 꿈꾸기 시작했다. 지금 생각해보면 인생이란 내가 계획한 대로 흘러가지 않는 것 같다. 나의 경우에 내가 계획했던 한-일 의료 전문 통역사가 되지 못했지만, 과거의 꿈이 제약 마케팅 전문가라는 새로운 길을 가도록 징검다리 역할을 해줬다. 이처럼 미래는 아무도 모른다. 미래를 위해 지금 내가 할 수 있는 것은 현재에 최선을 다하는 것이다. 그렇게 최선을 다하다 보니 새로운 길이 하나하나씩 열리기 시작했다.

두드려라!
응답이 올 것이다

제약 마케팅 전문가가 되겠다고 결심하고 난 후, 나는 본격적으로 외국계 제약회사로 이직 준비를 시작했다. 당시에는 링크드인(Linked in)과 같은 플랫폼을 몰랐기 때문에 인터넷에 외국계 제약회사의 채용 공고를 정기적으로 올리는 헤드헌터들의 이메일 주소를 모으기 시작했다. 그랬더니 처음으로 영문 이력서를 작성하고, 수십 명의 헤드헌터에게 외국계 제약회사 마케터로 이직을 희망한다는 내용과 함께 이력서를 발송했다.

몇 명의 헤드헌터들로부터 전화가 왔고 나의 이력에 대해 궁금한 점을 질문했다. 그랬더니 그들은 한결같이 내가 제약회사에서 영업 경력이 없는 점을 지적했다. 외국계 제약회사 마케팅 부서는 경력 없이 일하기가 어렵기 때문에 마케팅이 아닌 영업 직무로 이직을 한 후에, 경력을 쌓고 마케팅으로 부서를 변경해보라는 조언이 잇달았다.

외국계 제약회사는 일반적으로 회사 내 영업부에서 일을 하다가 성과가 좋고 본인이 부서 이동 의사가 있는 경우에 마케팅부로 옮기는 것이 일반적이다. 이제 와서 그때를 생각해보면 헤드헌터들은 나에게 가장 최선의 조언을 해준 것이다.

국내 제약회사에서 외국계 제약회사 마케팅으로 옮기는 것도 드물던 시기에 영업 경험도 없이 무작정 이직하고 싶다고 하니 헤드헌터 입장에서 가장 확률이 높은 길을 나에게 알려준 것이다. 하지만 나는 당시 헤드헌터들의 조언을 받아들이지 않았다. '100% 불가능한 건 아닐 거야'라는 패기로 내 의사를 굽히지 않았고, 일단 지원해보고 싶다고 설득했다.

그렇게 나는 미국계 제약회사의 면접 기회를 얻었다. 기존 회사에 휴가를 내고 미국계 제약회사로 면접을 보러 가던 날이 아직도 생생하다. 지하철역에 내려서 회사로 이어지는 가로수길을 걸어가며 '앞으로 매일 이 길을 걸어갈 수 있다면 얼마나 좋을까?'라는 생각이 들었다.

이런 생각을 하며 걷다 보니 어느새 회사에 도착했다. 카운터에서 출입증을 받아 회사 출입문 앞에 서서 관계자를 기다렸고, 커다란 토끼가 그려진 니트를 입고 청바지를 입은 젊은 여성이 나를 반겨줬다. 나는 어렵게 얻은 면접이라 그런지 긴장이 몰려왔고 돌처럼 굳은

표정을 지은 채 관계자를 따라갔다. 그녀는 방으로 안내해주며 마실 것을 원하는지 물어봤지만, 나는 물도 잘 넘어가지 않을 정도로 긴장해서 괜찮다고 얘기하고는 연습했던 면접 답변을 머릿속으로 계속 되뇌었다.

면접 시간이 임박하자 문이 열리면서 좀 전에 나를 방으로 안내해준 여성이 들어와 자리에 앉았다. 순간 머리가 하얘지면서 무슨 상황인지 파악하는 사이에 그녀는 자기소개를 시작했다.

토끼 니트의 주인공은 바로 내가 지원한 포지션의 직속 상사였다. '망했다…' 국내 제약회사는 회사 분위기와 복장이 엄격해서 세미 캐주얼조차 입어본 적이 없었기에 본부장이 토끼 니트에 청바지를 입고 출근하고, 심지어 직접 면접 보러 온 지원자의 마실 것까지 챙겨준다는 것은 생각조차 할 수 없었다.

나는 애써 무너진 평정심을 찾으려 노력했다. 면접이 시작됐고, 본부장님의 질문에 하나하나 답변하기 시작했다. 면접이 끝나고 내가 완전히 꼰대 같은 편견에 사로잡힌 사람이었다는 수치심에 고개를 들 수가 없었다. 그런데 놀랍게도 나는 몇 개월 뒤 그 외국계 제약회사에 최종 합격했다.

나중에 물어본 거지만 나를 뽑았던 본부장님은 질문에 논리적으로 답변하고 회사 입장에서 고민해 볼 만한 점을 지적하는 모습에서 내가 일을 잘할 수 있을 거라는 확신이 들었다고 했다. 이처럼 기회가 어디에서 어떻게 올지 알 수 없다. 인생을 살다 보면 주변에서 '그건

안 된다, 못 한다'라는 얘기를 들을 때가 있다. 물론 그것은 인생의 연륜에서 나온 조언일 테지만 누가 알까? 기적같은 일이 갑자기 일어나서 불가능했던 일이 가능한 일로 바뀔지….

어느 성공한 사람의 이야기에서 마음에 새겨 둔 말이 있다. '문을 두드리는 것은 나의 몫이고, 그 문을 열지는 상대방이 결정하는 것이다. 문을 두드리는 것조차 하지 않고 그 문이 열리기를 기대해서는 안 된다.' 결국 나는 내가 할 수 있는 일인 문을 두드렸을 뿐이다. 그리고 상대방이 두드림에 대한 응답으로 문을 열어줬다.

외국계 제약회사에서 맛본 신세계

외국계 제약회사에 들어간 2011년은 마치 내 인생에 찾아온 봄날과 같았다. 외국계 제약회사로 이직하고 난 후 처음에는 낯선 환경에 적응하는 데 시간이 필요했지만, 이전 직장과는 다른 문화를 느끼며 만족스러운 나날을 보냈다. 불편했던 스커트 정장과 하이힐은 편한 옷과 신발로 바뀌었고, 업무를 시작하기 30분 전까지 회사에 도착하기 위해서 달리느라 바빴던 과거의 아침은 회사 앞 카페에 들러 커피를 사 들고 출근하는 여유로운 출근길로 변했다.

이직한 외국계 제약회사의 업무는 시스템화돼 있었기 때문에 업무 담당이 세세하게 나뉘어져 있었다. 영업 팀에서 전산 시스템으로 직접 물품을 신청하고 이 신청에 따라 물품을 배송해주는 담당자가 따로 있었기 때문에 예전처럼 필요 수량을 요청받고 일일이 박스를 포장해서 나르고, 택배를 보낼 필요가 없었다. 그리고 사무실 한편에는 당이 떨어질 때마다 긴급 수혈이 가능한 다과가 가득했고, 일 년 중 마케터가 제일 바쁜 때인 10년 추계(Forecasting) 시기가 끝나면 팀원들끼리 바깥바람도 쐬며 그간 쌓인 피로를 해소하는 시간도 가질 수 있었다.

또한 나를 그토록 괴롭혔던 출장 시의 숙박은 모텔에서 호텔로 변해 쾌적한 환경에서 피로를 풀 수 있었다. 심지어 부산이나 광주 같은 원거리 출장의 경우 특실 KTX나 비행기 이용이 가능해 피로를 줄여주었기에 업무에 좀 더 집중할 수 있었고, 해외 출장을 가게 됐을 때는 5성급 호텔에서 혼자 방을 쓸 수 있었다.

같은 대한민국에서 동시대를 살아가는데 어떻게 이렇게 다를 수 있을까? 나의 동료는 이것도 부족하고 저것도 부족하다며 회사의 복지나 문화에 불만을 늘어놓았지만 나는 그들에게 너무나도 당연했던 기본 복지조차 너무나도 큰 혜택으로 느껴졌다. 한편으로는 '너무나도 당연한 것들이 왜 내게는 당연하지 않았을까?'라는 씁쓸한 생각도 들었다.

내가 근무했던 외국계 제약회사는 성과에 민감한 미국계 제약회사였고 성과가 좋으면 거기에 따라오는 보상이 큰 편이었다. 물론 성과가 좋지 않으면 엄청나게 시달린다는 얘기가 되기도 하지만, 성과가 좋아도 항상 시달리는 회사들도 있으니 그에 비하면 좋은 회사에 속한다고 볼 수 있다. 대부분의 외국계 제약회사는 시무식을 국내 좋은 호텔에 전 직원이 머물면서 올해의 비즈니스와 관련된 성과, 내년의 목표 그리고 장기적인 회사 비전에 대해 공유하는 시간을 가진다. 그리고 비즈니스 시간이 끝나면 호텔에서 저녁을 먹으며 한바탕 축제가 벌어진다.

주인공이 제약회사 영업 사원인 '러브&드럭스(Love And Other Drugs)'라는 영화에 나오는 시무식 장면처럼 연예인도 부르고 직원들이 장기자랑도 한다. 내가 회사 이직 후 첫 시무식에서 느꼈던 제일 특이한 점은 사장과 임원진들이 장기자랑의 주역이라는 점이다. 신입 사원을 시키는 것이 아니라 사장과 임원진이 춤도 추고 연기도 하며 망가지는 모습에서 '사장은 근엄해야 하지 않을까?'라는 나의 선입견이 완전히 깨졌다.

그런데 매출 성과가 목표치 대비 상회하는 해라면 그 보상은 더더욱 커진다. 당시 우리 회사는 매해 한국 시장에서 목표치를 상회하는 결과를 이뤄냈고 거의 매해 700명 정도의 전 직원이 연초에 해외에서 시무식을 했다. 회사에서는 항공과 숙박, 현지에서 사용할 수 있는 용돈까지 지급해줬고, 좋은 호텔에서 간단히 비즈니스 미팅도 하고, 연예인을 해외로 불러서 공연과 파티를 즐겼다.

그리고 그 이후에는 자유로운 시간을 보낼 수 있었다. 시무식이 끝난 이후에 많은 직원이 가족을 해외로 불러서 연차를 사용해 더 머물다 오기도 했고 친한 동료들과 더 놀다가 돌아오는 것도 일반적이었다. 회사는 해외에서 더 머물다 오는 직원이 많기 때문에 항공 일정을 각자 원하는 시간으로 예약할 수 있도록 했다.

말레이시아, 태국, 홍콩 등 여러 국가를 전 직원들과 함께 다녀오고 자유시간도 보낼 수 있다는 것은 나를 이 회사에서 계속 일할 수 있도록 만들어준 큰 동기부여였다. 이러한 복지는 대기업을 다니는 친구들조차도 누릴 수 없는 외국계 제약회사만의 혜택이었다.

그렇게 새로운 회사의 사람들이 농담 삼아 놀리던 나의 군대식 다나까체 말투가 순화돼감과 동시에 점점 회사에 적응해갔고 안정된 환경을 누릴 수 있었다. 만약 내가 전 직장에서 근속 연수가 올라가며 편해지는 것에 안주했다면 지금 나의 삶은 어땠을까? 그야말로 한순간의 선택이 나의 인생을 송두리째 바꿔버렸다.

비난이 아닌 피드백

국내 제약회사에 다닐 때 나의 연봉은 함께 입사한 동기들과 똑같이 올라가는 호봉제였다. 그래서 별도로 연봉협상이라는 절차가 없었기 때문에, 그냥 올라가겠거니 하면서 크게 신경 쓰지 않았다. 그런데 외국계 회사에 오니 함께 입사한 동기가 없을뿐더러 호봉제라는 것도 없었고 오로지 성과제에 기반해 내 연봉을 책정했다.

그래서 외국계 회사에는 성과 평가를 위한 체계적인 프로세스가 있다. 일단 연초에 올해의 목표를 정한다. 목표는 업무와 개인에 관한 것으로 나눈다. 업무적인 목표는 회사나 부서의 목표와 같은 맥락에서 설정해야 한다. 그리고 개인적인 목표는 어떤 것이든 가능하지만 가능한 회사 업무에 도움이 될 만한 개발 목표를 적는 편이 좋다.

1분기와 2분기가 끝날 때마다 내가 목표에 맞춰 어떤 성과를 달성했으며 좀 더 보완이 필요한 부분이 어디인지 나의 중간 성과에 대해 상세히 적은 후에 매니저와 함께 논의해야 한다. 업무와 관련된 목표들은 대부분 수치화해서 목표가 설정되기 때문에 대부분 정량적인 내용들이다. 하지만 회사는 이런 항목만으로 그 사람을 평가하지 않는다. 결과뿐만 아니라 이러한 일을 진행하는 과정 또한 평가한다. 결과는 너무 좋았는데 중간에 불협화음이 많았다던가 등의 과정을 360도 평가 시스템을 통해 일 년에 두 번 정도 유관 부서 사람들에게 나에 대한 피드백을 받아서 평가에 반영한다.

처음에는 이 피드백 문화가 익숙하지 않았다. 받는 것도 어려웠지만 그것만큼 내가 다른 사람에게 피드백을 주는 것도 어떤 식으로 적어야 할지 난감할 따름이었다. 동료뿐만이 아니라 매니저에 대해서도 평가해야 하는데 '과연 익명성 보장이 가능한 걸까?' 하는 생각도 들었다.

회사에서 첫 피드백을 받았을 때, 나의 기분은 썩 유쾌하지 않았다. 피드백이 아닌 그냥 비난으로만 느껴졌기 때문이다. 개선해야 할 점에 대해서 적혀있는 피드백을 매니저가 전달해주는데, 피드백을 준 사람들에게 그때의 상황을 일일이 설명할 수 없는 나로서는 억울한 부분도 있었다. 하지만 결론적으로 나는 이 피드백을 수용하기로 마음먹었다. 이러한 피드백을 받아들이지 않고 나의 부족한 점을 개선하려고 노력하지 않는다면, 이 조직에서 성공할 수 없을 것 같다는 생각이 들었기 때문이다. 그래서 나는 매해 나에 대한 피드백을 기록했고, 공통으로 자주 나오는 부분을 개선하기 위해 엄청난 노력을 했다. 그렇게 몇 년이 지나고 나서야 내가 외국계 회사로 온 이후 몇 년간 받았던 개선점에 대한 피드백이 사라졌다. 피드백에 자주 등장하는 점을 없애는데 하루 이틀이 아닌 몇 년이라는 시간이 걸렸다. 내가 객관적으로 철저히 수치화돼 매겨지는 평가 시스템도 쉽지 않다고 느낀 순간이었다.

비난이든 평가든 내가 그 조직에서 인정받고 살아남고 싶다면 결국 내가 바뀌어야 한다. 회사가 소수와 개인의 의견에 귀를 기울여주기를 바란다면 판타지 속에서나 볼 수 있는 회사 생활을 꿈꾸고 있는 것에 가깝다. 역시 회사란 각각의 일장일단이 있을 뿐 모든 것이 완벽하게 좋은 회사는 없다. 경쟁에서 살아남기 위해 나는 이전보다 더욱 치열한 삶을 살 수밖에 없었다.

나는 차별받는 것이 좋다

매년 성과를 평가받는 시스템은 나 같은 성취 지향적인 성향이 강한 사람에게 고통이라기보다 새로운 경기가 시작된 것과 같은 하나의 즐거움이었다.

미국계 제약회사에 다니던 당시에는 이런 평가 시스템으로 인해서 굉장한 스트레스를 받고 있다고 생각했는데, 상대적으로 모두가 평등한 유럽계 제약회사로 이직하고 난 뒤 내가 성과에 따라 차별받는 경쟁적인 체계를 선호하는 스타일이라는 것을 깨달았다.

내가 경험한 미국계 제약회사는 성과를 내는 것이 제일 중요하기에 국적, 나이, 성별과 관계없이 성과가 좋은 사람이 먼저 승진했다. 그래서 입사 순서나 나이를 따지는 것이 무의미했다. 지금 나보다 직급이 낮은 대리가 언제 내 위의 매니저가 될지 알 수 없었고, 본인이 뽑았던 직원이 임원이 되어 그 밑에서 일하는 경우도 있었다. 미국계 제약회사에서 나이, 입사 순서 등에 얽매이는 순간 회사 생활은 불만으로 가득 차게 될 것이다. 계속 이 회사에 다닐 예정이라면, 애초부터 이런 꼰대 같은 생각은 버리고 내가 어떻게 고성과자가 되어 이 경쟁에서 살아남을 것인지 고민하는 것이 훨씬 생산적이다.

나는 경력직으로 홀로 입사했기에 입사 동기도 없었고, 나이도 당시 조직에서 어린 편이었기 때문에 누군가와 경쟁을 하기보다는 그냥 내가 하는 일로써 인정받고 싶다는 생각이 강했다. 우선 부족하다고 평가받았던 영어 실력을 높이기 위해 회사 출근 전 종로에 있는 영어학원의 새벽반을 듣고 출근했고, 회사 데이터베이스에 보관된 비즈니스 문서들을 다운받아 자주 쓰이는 영어 표현을 숙지하여 발표자료를 만들었다.

그리고 1~2년에 한 번 정도 본사 교육팀이 마케팅과 관련된 이론을 교육해줬는데, 국내 제약회사에서는 접해보지 못했던 제약 마케팅 이론이었고 나의 업무능력을 키우는데 도움을 받을 수 있었다. 정기적으로 제약 마케팅 이론을 교육받다 보니 평소에 그냥 하던 업무들을 왜 이런 식으로 풀어가야 했는지 논리적 연결고리가 그려졌고, 일이 더욱 재미있게 느껴졌다. 마치 퍼즐의 빈 곳이 메꿔지듯 나의 대리 시절은 배움의 연속이었고 하루 하루 성장하는 느낌에 뿌듯한 시절이었다.

이러한 노력 덕분인지 나는 20대에 과장을 달았고, 탤런트 그룹 (Talent group)에 들어갈 수 있었다. 고성과자들 중에서도 각 부서의 차세대 리더가 될 수 있는 역량을 가진 사람만 선발해 구성된 소수의 탤런트 그룹은 차별화된 기회와 보상을 받는다. 탤런트 그룹은 나에게 인정받았다는 자부심과 함께 많은 혜택을 가져다줬다. 매일 새벽 출근 전에 대형 강의장에서 듣던 영어 수업은 1:1 영어 수업으로 바뀌었고 내가 원하는 시간을 정해 아무 때나 들을 수 있었다. 그리고 아시아 국가의 탤런트들과 교류할 기회도 생겼다. 싱가포르에 모여서 리더십에 대한 수업을 듣는 교육에 참여할 수도 있었고, 그들과 전략과 혁신적인 아이디어로 경쟁하는 이노베이션 어워즈(Innovation awards)에도 참가할 기회가 주어졌다. 그리고 나는 거기서 1등을 수상했고 베트남지사로 초청받아 출장 겸 여행을 다녀올 수도 있었다. 회사 업무와 육아를 병행하면서 탤런트 그룹에 할당된 별도의 프로젝트에서 성과를 내기 위해 더 많이 일해야 했지만 나는 그런 점이 싫지 않았다.

어차피 다녀야 하는 회사라면 그저 그렇게 생활하며 조용히 일하기보다는 회사에서도 인정받고 열심히 일한 만큼 성과나 복지에서 차별받는 것이 나는 좋았다.

외국계 제약회사 워킹맘, 그들이 사는 세상

외국계 제약회사로 이직한 후 아이를 가졌고, 내 생에 제일 소중한 존재인 예쁜 딸을 낳았다. 너무나 작은 아이가 사랑스러우면서도 한편으로는 이 아이가 내 인생을 어떻게 바꿀지 두려움도 있었다. 결혼 전에는 아이를 별로 좋아하지 않았었는데, 솔직히 내 자식은 눈에 넣어도 아프지 않을 정도로 너무 예뻤다. 하지만 이렇게 예쁜 아이를 일하면서 키운다는 것은 겪어보니 정말 어려운 일이었다.

아이가 태어나기 전에는 모든 것을 스스로 결정한 후에 실행하고 책임지는 나만의 세상이었다면, 아이가 태어나고 나서는 내가 하고 싶은 것과 아이를 위한 것 사이에서 갈등이 계속 일어났다. 과거에는 대한민국에서 워킹맘으로 살아간다는 것에 관심이 없었을 뿐더러,

그때의 내가 어떤 모습일지 상상해본 적도 없었다. 하지만 나는 워킹맘이 되고 난 후 대한민국의 워킹맘으로 사는 것이 너무나도 고달프다는 사실을 깨달았다.

대한민국 워킹맘의 일상은 어떨까? 아침에 일어나 아이에게 아침밥을 먹이고 아이의 등원 준비를 시킨 후에 그제야 출근 준비를 한다. 매일 집 근처 어린이집에 아이를 데려다주는데 출근 시간 때문에 우리 아이는 맨날 1번 등원이다. 텅 빈 어린이집에 홀로 아이를 맡겨두고 나오면 마음은 불편하지만, 출근 시간 때문에 아쉬워할 겨를도 없이 얼른 뛰어간다. 그렇게 정신없이 출근하고 일을 하다 보면 어느새 어린이집 하원 시간이 다가온다. 일하지 않는 엄마들이 4~5시 사이에 아이를 데리러 오기 때문에 대부분의 아이들은 엄마와 함께 어린이집을 나선다. 그리고 나서 다 같이 놀이터에서 한참 놀다가 저녁 먹을 시간이 되기 전 헤어진다.

하지만 워킹맘은 4시나 5시에 아이를 데리러 갈 수가 없다. 6시 정시 퇴근을 하고 뛰어가도 7시를 맞추기가 쉽지 않다. 7시에 아이를 데리러 가면 어린이집에 남아있는 아이들도 거의 없고, 놀이터는 이미 저녁 시간이라 텅텅 비어있다. 아이는 혼자서 심심했는지 데리러 온 나를 보고 기분이 좋아 신이 나 있었다. 아이 손을 잡고 집에 오니 아침에 정신없이 나가느라 엉망으로 어질러진 집이 보였지만 우선 배고플 아이를 위해 급히 밥을 차린다. 밥을 먹고 아이를 씻기고, 책을 읽어주며 아이를 재우다가 보면 나도 모르게 같이 잠들어서 하루가 그렇게 지나가 버린다. 심지어 애가 아프기라도 하면 그때는 '내가 회사를 관둬야 하나'라는 생각과 함께 아이에 대한 죄책감에 시달리기도 한다.

이 이야기가 극단적인 경우일까? 절대 아니다. 내 주변에서 대한민국을 사는 정말 평범한 워킹맘의 이야기다. 대기업에 다니는 나의 동창들도 거의 비슷한 얘기를 한다. 그래서 나는 커리어를 장기적으로 고려하는 취준생에게 더욱 적극적으로 제약회사 취업을 추천한다. 외국계 제약회사라면 제일 좋겠지만 국내 제약회사도 내가 다녔던 2008년과는 다르다. 외국계 제약회사의 시스템과 비슷하게 변화한 곳이 많아서 잘 알아보고 갈 수 있기 때문이다.

내가 외국계 제약회사를 추천하는 첫 번째 이유는 일단 출퇴근 시간이 자유롭다. 대한민국 직장인은 하루 8시간 근무해야 하는데 대부분 9시 출근과 6시 퇴근을 한다. 그런데 유연근무제를 사용하면 7시 출근과 4시 퇴근도 가능하고, 10시 출근과 7시 퇴근도 가능하다. 남편과 상의해 등원, 하원을 누가 담당할 것인지만 나누면 된다.

나는 유연근무제를 활용해 오전 출근 시간을 늦추고 아이의 등원을 담당했다. 우리 회사는 나뿐만이 아니라 팀원과 임원 중에 여성이 많아 10시에 출근하는 유연근무제를 사용하는 사람이 많았다. 아침에 각자 어린이집과 초등학교에 데려다주고 출근을 했는데, 그중 녹색어머니회까지 다 마치고 출근하는 대단한 사람들이 많았다. 당시 남편은 유명한 상위 국내 제약회사에 다니고 있었는데, 유연근무제가 없어서 하원을 도와줄 수 없게 되었다. 결국 하원은 도우미의 도움을 받기로 결정했다. 유연근무제 덕분에 나와 아이의 오전 등원은 여유로워졌고, 하원은 도우미 덕분에 다른 아이들이 엄마 손을 잡고 나올 때 우리 아이도 함께 나와 놀이터에서 한참 아이들과 놀 수 있었다.

두 번째 추천 이유는 재택근무 때문이다. 지금은 코로나로 인해 재택근무가 익숙해졌지만 우리는 오래전부터 일주일에 하루는 재택근무가 가능했다. 나는 주로 아이의 어린이집, 유치원, 학교 방문이 있을 때 재택근무를 신청했고 점심시간을 이용해서 잠시나마 상담이나 행사에 참석할 수 있었다. 그래서 나는 워킹맘으로서의 죄책감에서 조금이나마 자유로울 수 있었다.

마지막 추천 이유는 육아휴직을 눈치 보지 않고 쓸 수 있다는 점이다. 여직원의 경우 출산 이후 대부분 육아휴직을 하는 편이고, 일부 남자직원들도 육아휴직을 쓴다. 이에 대해 전혀 눈치 볼 필요 없는 분위기다. 대기업이나 공기업에 입사한 친구들을 만나보면 많은 기업이 제약회사와 비슷한 복지 혜택을 갖고 있지만 막상 입사해보면 어떤 기업은 제도만 있을 뿐 눈치가 보여 쓰지 못하는 유명무실한 제도인 경우가 많다. 최근에는 아예 임신기간과 출산 후 1년간 근무 시간을 줄여주는 제도도 생겨났다. 그리고 스마트 오피스라서 본인 좌석이 정해져 있지 않기 때문에 업무 시간이 끝나면 매니저들의 눈치를 보지 않고 내 짐을 사물함에 넣은 후 집으로 갈 수 있다.

그리고 일부 회사의 경우 심리 상담과 같은 스트레스 매니지먼트를 제공하기도 한다. 나 또한 일과 육아를 모두 하다 보니 심리적으로 스트레스를 이겨내지 못해서 괴로워하던 시기가 있었다. 그때 나는 회사의 심리 상담 서비스를 이용하면서 심리 센터에서 전문가의 상담을 통해 그 시기를 잘 버텨낼 수 있었다.

외국계 제약회사의 경우 본사의 시스템을 그대로 반영하는 일이 많다 보니 이러한 제도들이 국내 대기업보다도 훨씬 이른 시기에 도입됐고, 이미 오래전에 과도기를 거쳐 지금은 완전히 정착된 상태다. 워킹맘이 편히 일할 수 있는 복지 혜택 덕분에 외국계 제약회사에서는 여성 임원과 대표이사를 매우 흔하게 볼 수 있다.

대한민국에서 워킹맘으로 사는 것은 솔직히 너무나도 힘들다. 외국계 제약회사의 여러 복지 혜택을 누리면서도 육아가 쉽지 않았는데, 하물며 이런 복지 환경이 갖춰지지 않은 곳이라면 정말 회사를 떠나야 했을지도 모른다.

나의 경험으로 봤을 때, 워킹맘에게 중요한 것은 높은 연봉보다 마음 편한 문화다. 아이를 낳은 여성을 배려해주는 기업에 가느냐 못 가느냐에 따라서 내 인생이 180도 달라진다. 몇백 차이의 연봉과 실질적으로 도움이 하나도 안 되는 회사 인지도에 치우치지 말고 문화 수준, 복지 혜택을 보고 회사를 선택해야 한다. 회사 선택의 기준에 대해서는 7장 '이제는 실전! 제약회사, 이렇게 지원하자'의 내용을 참고하자.

하지만 이와 같은 복지 혜택과 문화를 모든 제약 회사가 가진 것은 아니라는 점을 알아야 한다. 제약 업계 내에서도 일부 회사는 내가 신입 시절 겪었던 복지와 문화에 그대로 머물러 있는 곳도 있다. 그래서 무작정 지원할 것이 아니라 좋은 회사를 골라서 가야 한다.

지금은 추천한다
그때는 아니었지만

나는 '제2의 IMF가 오는 걸까' 두려워하던 리먼브라더스(Lehman Brothers) 사태가 터진 2008년에 취업했다. 당시 보건복지부 국정감사에서 제약회사의 리베이트 근절을 위한 각종 규제가 언급됐고, 일반인들이 제약회사를 바라보는 시선도 리베이트의 온상처럼 대하는 부정적인 시선이 강했다.

내가 겪었던 국내 제약회사는 군대식 문화였고, 결혼하고 아이를 낳은 후에 계속 일하기는 어려운 곳이었다. 국내 제약회사에 다니던 그 당시의 나에게 '국내 제약회사 취업을 추천하겠느냐?'라고 물어본다면 나는 단호하게 '아니요'라고 외칠 수 있다.

하지만 지금은 국내에 있는 제약회사들도 많은 변화를 맞이했다.

신약을 개발하는 회사들이 늘어나고 있고, 연구 인력을 크게 확장하고 있으며, 만들기 어려운 바이오 의약품까지 개발하고 생산해내기 시작했다. 기존 제약회사뿐만이 아니라 바이오 벤처회사들도 많이 생겨나서 유전자 치료제, 세포 치료제 등 다양한 개발이 진행되고 있고, 대기업들이 제약회사 M&A를 하고 싶어 한다는 얘기도 전해 들려오고 있다.

치열한 인재 유치 경쟁에서 승리하기 위해 국내 제약회사들도 기업 문화에 대해 수많은 고민을 할 수밖에 없었다. 그러한 고민 끝에 지금은 외국계 제약회사에 가까운 문화와 다양한 복지 혜택을 제공하는 국내 제약회사들이 많이 늘어났다. 지금의 내게 '국내 제약회사 취업을 추천하겠느냐?'라고 물어본다면 당연히 '네'다. 신입사원이었던 내가 마케팅 팀장이 되기까지 10년이 넘는 세월 동안 많은 것이 변했고, 지금은 제약회사로 취업하는 것을 추천한다.

2장

제약산업은
채용난이 아닌
구인난?

뜨는 산업과 지는 산업,
당신의 선택은?

나와 같은 경제학을 전공한 친구들은 대부분 당시 높은 연봉을 주고 안정적인 직장으로 알려진 은행에 취업했다. 그런데 나는 전공과 무관하게 제약회사에 입사했고, 주변에서 모두 나의 선택을 의아해했다. 왜냐하면 당시 제약산업은 주목받는 산업이 아니었을 뿐더러 대표적인 규제 산업으로 여겨졌고, 정부에서 제약 업계 리베이트를 뿌리 뽑겠다고 하여 '제약회사=리베이트'라는 부정적인 꼬리표가 따라다니던 시절이었기 때문이다.

그렇게 2022년이 됐고 10년이 훌쩍 지난 지금 두 산업의 상황은 크게 달라졌다. 핀테크의 발달로 우리는 은행을 방문하지 않아도 핸드폰으로 단순 계좌이체부터 대출까지 가능해졌다. 많은 영업을 유지할 필요가 없어지자 지점 수를 줄이기 시작했고, 당연히 대면 업무를 하던 직원 수도 줄어들었다. 그렇게 은행의 명예퇴직은 몇 년간 꾸준히 이뤄지고 있고 2021년 시중은행의 희망 퇴직자는 약 5,000명에 달했다.

한편 제약산업은 정부의 리베이트 근절 규제 정책에 따라 자정 노력을 해왔고, 공정거래 자율준수 프로그램(CP, Compliance Program)을 강화해왔다. 2000년대에 들어서 소모적인 제네릭(카피약) 시장에서의 경쟁만으로 한계를 느낀 일부 제약사들이 신약 개발을 위한 R&D에 더욱 적극적으로 투자하기 시작했고, 한미약품, 대웅제약, 종근당, SK케미칼 등의 회사들이 신약 개발에 성공했다. 그리고 해외시장으로 기술과 제품 수출까지 하는 회사들이 늘어났다. 그렇게 해서 현재 셀트리온, 삼성바이오로직스와 같은 글로벌 기업이 탄생했다. 이처럼 제약산업은 10년이 넘는 사이에 급격히 발전했다.

이 사례를 통해서 무엇이 느껴지는가? 결국 내가 10년, 20년 넘게 계속 직장을 다닐 거라면 처음부터 뜨는 산업군에서 시작해야 한다는 것이다. 커리어에는 첫 단추가 매우 중요하다. 앞으로 성장할 산업에서 시작해야 높은 연봉인상률과 우수한 복지 혜택 등을 누릴 수 있고, 나의 경쟁력을 높인 후 이직을 통해 급격한 연봉 상승의 기회도 잡을 수 있다. 그런 면에서 제약산업은 유병장수 100세 시대에 무한 성장할 수밖에 없는 확실한 산업이다.

2030년,
제약산업은 더욱 빛날 것이다

나는 제약회사에 다니면서 시장이 성장하는 그래프만 10년 넘게 봐왔다. 제약산업은 우리나라만이 아니라 전 세계적으로 선진국, 개도국을 막론하고 매해 성장하고 있다. '왜 제약산업이 계속 성장해 나가는가'를 가장 쉽게 이해할 수 있는 것이 고령화다.

2019년 기준 우리나라 인구의 기대수명은 83.3세고, 특히 여성의 경우 86.3세로 곧 90세를 앞두고 있다. 아래의 국내 평균수명 추이 그래프에서 알 수 있듯이 앞으로 기대수명은 더욱 늘어날 것이고 결국 병을 가진 채 오래 사는 유병장수의 시대를 살아갈 것이다. 이에 따라 약에 대한 수요는 더욱 늘어날 것이고, 생명을 연장해주는 신약은 계속해서 개발돼 나올 것이다.

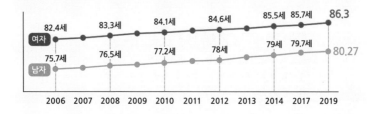

국내 평균수명 추이

	2006	2007	2008	2009	2010	2011	2012	2013	2014	2017	2019
여자	82.4세		83.3세		84.1세		84.6세		85.5세	85.7세	86.3
남자	75.7세		76.5세		77.2세		78세		79세	79.7세	80.27

출처: 통계청 〈생명표〉, 2019

　이미 글로벌 제약회사는 기적의 치료제라 불리는 혁신적인 신약들을 만들어내고 있다. 그중에 CAR-T 유전자 치료제는 자신의 몸에서 면역세포를 채취해 만드는 나만의 맞춤형 치료제다. 당시 말기 혈액암으로 진단받은 미국의 5살 소녀 에밀리 화이트헤드는 2012년 마지막 희망으로 CAR-T 임상 시험에 참여했다. 투약 두 달 만에 암세포가 사라지는 기적 같은 일이 일어났고 지금은 10대가 되어 건강하게 살고 있다.

　다음으로 척수성근위축증(SMA, Spinal Muscular Atrophy)은 척추신경이나 간뇌의 운동신경세포를 서서히 파괴하는 희귀병이다. 이 SMA병을 가진 아이들은 앉거나 움직이지 못하게 되어 대부분 2년 이내에 사망한다. 하지만 최근에 이 유전자 질환도 주사 한 번으로 치료할 수 있게 됐다.

이처럼 극복하기 어려울 것이라 예상됐던 질병을 치료할 수 있는 신약들이 꾸준히 개발되고 있고 수요는 앞으로 더욱 늘어날 것이다. 정부 또한 미래 산업에 뒤처지지 않기 위해 발 빠르게 움직이고 있다. 2019년 대한민국 정부는 성장 가능성이 있는 비메모리 반도체, 미래형 자동차, 바이오 헬스 산업을 3대 산업으로 선정하여 육성할 것을 밝혔다. 반도체가 한 세대를 먹여 살렸다면 다음 세대는 바이오 헬스 산업이 먹여 살릴 것이라고 언급하며 정부에서 대규모 예산을 투입할 계획을 밝혔고, 일자리 창출 또한 세부 목표로 설정했다.

제약산업 일자리의 핑크빛 미래는 통계청 자료에서도 잘 드러난다. 통계청 고용조사 자료에 따르면 전체 산업의 고용증감률이 그동안 2.6%였던 것과 대비해 의약품 산업은 증감률 대비 2배 이상 높은 5.7%의 증가율로 고용 인원이 지속해서 늘어 왔다.

주요 산업별 고용 현황

(단위: 명, %)

구분	2015	2016	2017	2018	2019	증감률
전산업	26,178,000	26,409,000	26,725,000	26,822,000	27,509,000	2.6
제조업	4,604,000	4,584,000	4,566,000	4,510,000	4,434,000	-1.7
자동차	497,000	515,000	537,000	496,000	477,000	-3.8
반도체	105,000	110,000	124,000	128,000	129,000	0.8
전자	231,000	198,000	233,000	226,000	213,000	-5.8
철강	115,000	115,000	107,000	107,000	102,000	-4.7
의약품	94,507	94,925	95,524	97,336	102,912	5.7

출처: 2020 제약·바이오 산업 데이터북

그리고 미래 고용 전망에서도 화학 물질에 이어 의약품 제조업이 가장 고용 증가율이 클 것으로 내다봤다. 이처럼 제약산업은 앞으로 성장해 나갈 잠재력을 가진 산업이 확실하다.

주요 산업별 고용 전망(2017~2027)

(단위: %, 명)

업종	연평균 고용증감률	고용자 증감수
펄프 등	-0.6	-5,000
섬유제품	-0.8	-11,000
가구	0.4	3,000
목재 등	-1.0	-4,000
금속가공 등	0.2	8,000
고무제품	0.8	20,000
1차 금속	-0.1	-1,000
전자부품 등	1.2	67,000
기타 제품 제조업	-1.9	-20,000
화학물질	2.4	49,000
비금속 광물	-0.3	-1,000
식료품	0.8	32,000
기계와 장비	0.4	17,000
전기장비	1.4	43,000
기타 제조업	1.1	5,000
자동차	0.2	13,000
의료·정밀 등	0.3	4,000
의약품 제조업	**2.2**	**18,000**

출처: 2020 제약·바이오 산업 데이터북

지금이 IT 시대라면
미래는 제약·바이오 시대

요즘 취준생들이 가장 주목하는 산업은 IT 계열이다. 심지어 문과생들도 프로그래밍을 배워 개발자라는 직무로 취업에 도전하고 있고, IT 기업이 판교에 모여들면서 혁신 스타트업 기업의 산실과도 같은 곳이 되었다. 불과 10년 전만 하더라도 판교는 허허벌판이었고 막 건물들이 올라가는 중이었지만 지금은 주거, 상업, 일자리까지 모든 요소를 갖춘 도시로 성장했다.

IT가 현재라면 제약·바이오는 미래다. 송도에는 현재 삼성바이오로직스와 셀트리온이라는 바이오 양대 산맥과 60여 개의 제약, 헬스 산업 회사가 있다. 이 규모는 앞으로 더욱 커져 송도의 고용 창출 인원만 하더라도 2만 명에 달할 것으로 보인다. 삼성바이오로직스는 현재 가동 중인 1~3공장에 이어 1조 7,400억을 투자해 2022년 4공장 설립, 3,000억을 투자해 2023년 유전자 의약품 특화 생산 시설 설립, 2조 5,000억을 투자해 2024년 5, 6공장을 설립할 계획을 하고 있다. 셀트리온도 제3공장과 연구 센터 건립을 위해 1조 5,000억을 투자할 계획이고 SK바이오사이언스 또한 3,000억을 투자해 공장과 연구소를 2024년까지 설립할 계획이다.

바이오 의약품 회사뿐만이 아니라 전통적인 화학의약품 위주나 외국계 백신 관련 회사들도 송도에 추가적인 건립을 추진하고 있다. 동아에스티는 해외 판매 확대를 위한 기반 조성을 위해 2022년 공장 설립을 추진 중이고, 독일 싸토리우스 백신 원부자재 글로벌 기업도 약 3,500억을 투자해 공장을 건립할 계획을 밝혔으며 미국 최대 백신 원부자재 기업인 싸이티바도 2024년까지 생산 시설 건립 계획을 밝혔다. 우리가 여기서 주목할 점은 이러한 시설들이 기존 시설의 이전이 아니라 대부분 추가적인 확대 설립이라는 것이다. 이처럼 제약 산업은 또 한 번의 도약기를 앞두고 있으며 이미 이러한 변화들이 채용 시장에 커다란 영향을 주고 있다.

실제로 제약회사의 전문 인력 구인난에 대해 여러 미디어에서 다뤄왔고 현직자도 전문 인력의 부족을 체감하고 있다. 제약회사는 어떤 사람을 필요로 할까? 제네릭 위주의 포트폴리오에서 신약 개발로 국내 제약회사들이 투자하게 되자 신약 개발 연구 인력의 수요가 늘어나고 있다. 위탁 생산인 CMO 사업 확장으로 인해 생산 공장이 늘어나자 필요해진 생산 인력, 해외 시장으로 수출 증가/CMO 산업 진출로 인한 품질 관리 인력, 국내 기술로 개발한 신약을 미국 FDA나 유럽 EMA와 해외 허가를 진행할 허가 인력(RA), 그리고 해외 협력사와 계약을 담당할 사업 개발 인력(BD), 판매를 진행할 해외 영업과 마케팅 인력(MKT)과 해외 약가 관리 인력(MA) 그리고 이 모든 부서를 지원하는 지원 부서(인사, 관리, 재무, 홍보) 등 거의 모든 직무에서 추가 인력이 필요하다.

지속적인 제약시장의 성장은 인력 수요의 증가로 이어질 것이고, 1차적인 생산, 연구 시설 분야의 채용 확대뿐만이 아니라 이를 지원하는 인사, 홍보, 재무, 구매, 마케팅, 영업, 기획 부서 등의 채용 확대로 이어진다. 따라서 문과나 이과 계열에 상관없이 제약산업으로의 취업 기회는 앞으로 더욱 늘어날 것이다. 즉, 취준생은 지금이 기회다.

지금의 IT 기업처럼 모두가 '네카라쿠배당토'를 외칠 때는 이미 취업 경쟁이 치열하다. 제약산업은 아직 취준생들이 주목하는 산업이 아니다. 하지만 무조건 성장할 안정적인 미래 산업이다. 경쟁이 치열해지기 전에 먼저 진입하는 것이 현명한 미래 설계다.

제약회사 직무 절반 정도가
전공 무관!

내가 취준생들에게 제약회사를 추천하면 문과생이나 예체능 전공 학생들이 공통적으로 보이는 반응이 있다. 그들은 "저는 전공이 화학 공학과나 이공계 쪽이 아닌데요?"라고 말하며 전공 때문에 제약회사에 지원하는 것이 어렵지 않을까 싶어 망설여진다고 한다. 다음으로 내가 영업 직무를 추천하면 "저는 술을 잘 못 마시는데요?" 또는 "저는 리베이트 영업은 하고 싶지 않아요"라고 답한다. 이런 선입견들로 인해 제약회사에 지원조차 하지 않는 것은 자신에게 주어진 기회를 스스로 걷어차 버리는 것과 마찬가지다. 지금부터 제약회사 선입견에 대한 팩트를 체크해 보자.

Q: "저는 문과, 예체능 전공이라 제약회사 취업은 어렵지 않을까요?"

한국제약바이오협회의 2020 제약·바이오 산업 데이터북 통계에 따르면 제약산업계는 약 10만 명을 고용하고 있고, 그중 일반적으로 전공과 관계없이 지원할 수 있는 사무직과 영업직의 비율이 45%에 달한다.

제약산업계 고용 현황

(단위: 명, %)

연도	업체 수 / 총인력	사무직		영업직		연구직		생산직		기타	
		인원수	비율	인원수	비율	인원수	비율	인원수	비율	인원수	비율
2015	842 94,510	19,115	20.2	25,747	27.2	11,057	11.7	31,664	33.5	6,927	7.3
2016	853 94,929	17,604	18.5	26,443	27.9	11,862	12.5	32,104	33.8	6,916	7.3
2017	855 95,524	17,984	18.8	25,618	26.8	11,925	12.5	33,129	34.7	6,868	7.2
2018	842 97,336	18,979	19.5	25,263	26.0	11,884	12.2	34,217	35.2	6,993	7.2
2019	918 102,912	20,702	20.1	25,580	24.9	12,314	12.0	37,215	36.2	7,101	6.9

출처: 2021 제약·바이오 산업 데이터북

일반인들이 '제약회사' 하면 떠올리는 직무로, 이공계와 석·박사 전공자들만이 지원할 수 있는 연구직은 전체의 12%에 불과하다. 공장이나 연구소가 아닌 본사에서 일하는 사람들의 전공을 확인해보면 나와 같은 문과생들이 엄청 많다. 외국계 제약회사 마케팅에서 같이 일했던 사람은 심리학과였고, 그중에 미술 전공도 있었다. 마케팅뿐만이 아니라 영업 직군에는 미술 전공자, 체육교육과, 제대 군인 등 더 다양한 전공의 사람들도 있다. 전공이 중요한 부서는 채용 공고에 해당 전공자만 지원하도록 기재해두기 때문에 공고에 전공 제한이 없는 직무라면 문과생이나 예체능 계열도 당당하게 지원할 수 있다.

Q: "저는 술을 잘 못 마셔서 영업직은 못 하겠죠?"

10년 이상 제약회사에서 일하면서 전국 수백 명 이상의 의료정보 담당자(MR, Medical Representative)를 만나왔다. 그리고 마케팅 부서에서 일하다 보면 영업 부서의 고성과자들을 만나는 경우가 많다. 마케팅 전략이나 프로그램들이 실제 영업 현장에서 어떻게 활용될지에 대한 논의를 각 팀의 고성과자들, 즉 지부장들과 논의하는 경우가 많기 때문이다. 이들을 살펴보면 영업에 본인만의 스타일을 가지고 있다.

영업 스타일은 너무나 다양하지만 몇 가지로 카테고리화 해보자면 기본에 충실한 FM형 MR, 고객의 욕구를 간파하는 고객중심형 MR, 끈끈한 관계중심형 MR 등으로 나누어 볼 수 있다.

FM형 MR의 경우에는 진료를 시작하기 전 이른 시간에 고객이 좋아하는 음료를 들고 대기실 또는 병원 앞에 먼저 도착해서 기다리는 것으로 하루를 시작한다. 의사가 한가한 시간에 먼저 와서 그날의 세부적인 메시지를 전달하고 필요한 정보나 요청 사항은 없는지 항상 체크

한다. 새로 나온 의학 논문에 대해서도 열심히 공부해서 주요 내용을 전달하고, 고객이 요청한 정보가 다른 부서를 통해 필요한 정보라면 신속하게 전달해 가능한 빨리 고객의 요청사항이 처리되도록 한다. 매사에 성실하고 일 처리가 확실해서 고객으로부터 신뢰받는 스타일이다.

고객중심형 MR의 경우, 고객의 최근 관심사와 주변 상황에 대한 세심한 파악을 통해 그때그때 고객이 필요한 정보를 제공하면서 고객과 신뢰 관계를 형성하는 스타일이다. 진료실에 들어가면 일단 주변 환경, 데스크 위에 놓여있는 물건, 흘러가는 얘기 중에 나왔던 정보 등을 흘려듣지 않고 꼼꼼히 메모해둔다. 고객의 최근 관심사와 욕구를 파악해 고객이 좋아할 만한 정보와 제품에 대한 자료를 함께 전달하는 영업 스타일이다.

관계중심형 MR의 경우, 아무래도 접대에 강점을 보이는 사람들이 많았고, 술자리에서 고객과 끈끈한 유대감을 형성하고 가벼운 농담을 주고받을 정도의 친밀감을 나타내는 경우가 많았다.

이 외에도 정말 다양한 영업 스타일들이 존재한다. 영업 스타일은 내가 결정하는 것이지 선배나 내 주변 사람을 그대로 따라 해야 하는 것이 아니다. 물론 관계중심형 MR을 추구하는 사람이라면 주량이 중요할 수도 있지만, 그 외의 영업 스타일을 추구한다면 주량이 무슨 관계가 있을까? 그리고 신입 영업 사원이 주로 배정받는 개인병원 영업은 지역구 내에서 매출 목표를 달성하는 것이 목적이다. 그렇기 때문에 지역구

안의 어떤 병원에서 매출을 끌어낼 것인지는 자신이 주도적으로 결정할 수 있다. 즉 술로 인해 너무 부담을 주는 거래처의 경우 가지 않아도 된다. 대신 다른 거래처를 신규로 만들어서 달성하는 식의 노력이 필요하다.

제약회사 평균연봉이
대기업보다 높다?

한 사이트에서 발표한 자료에 따르면 2020년 신입사원의 초봉은 평균 3,382만 원으로 나타났다. 대기업의 경우 평균 3,958만 원이고 중소기업은 2,834만 원이라 1,000만 원에 가까운 연봉 격차가 있다. 여기서 놀랍게도 제약·바이오 산업의 신입사원 초봉은 채용 사이트의 분석 결과에 따르면 약 3,900만 원대인 것으로 분석되었다(제약 바이오 회사 상위 50개사 신입사원 초봉 분석 결과).

　제약회사가 대부분 중견기업에 속하는 것을 감안하면 평균연봉이 대기업과 비슷하게 3,900만 원대에 달한다는 것은 매우 높은 편이다. 기업에 따라 편차가 크지 않아서 제약산업에 종사하는 대부분의 사람들이 높은 연봉을 받고 있는 것으로 보인다. 영업부이든 인사부이

올해 대기업 신입사원, "평균 3,958만 원 받을 것"

올해 대졸 신입 연봉
얼마나 받을까?

평균 3,382만 원

기업별 예상 실수령액(세후)

연봉 평균 3,958만 원
월 289만 원
대기업

연봉 평균 3,356만 원
월 249만 원
중견기업

연봉 평균 2,834만 원
월 212만 원
중소기업

출처: 인크루트(www.incruit.com), 2020

든 홍보부이든 마케팅부이든 간에 초봉의 차이는 없고, 연구직이나 메디컬 부서가 아니라면 석사 학력이 경력에 반영되지 않기 때문에 더 높아지지 않는다.

그러다 보니 최근에는 직장인 익명 커뮤니티인 블라인드(Blind)에 이런 글도 올라왔다. '내가 제일 좋은 학교를 나왔는데 제약회사에 입사한 엄마친구아들이 초봉 4,000만 원에 인센티브도 따로 나온다는 것이 사실이냐'는 것이다. 사실이다. 제약 영업 직무는 동일한 초봉을 받으면서 목표를 달성하면 추가 인센티브가 지급되고, 영업하면서 쓰는 주차비, 식사비 등도 매일 3~6만 원 정도 비용으로 산정해서 통장으로 입금 받는다. 나는 지방에 근무하는 영업 사원들이 각 지역의 랜드마크 아파트에 살면서 고가의 차를 타고 다니는 것을 자주 봤다. 지방에 사는 사람에게 제약회사 영업은 그 지역의 평균 수입보다 훨씬 높은 연봉을 받을 수 있는 매우 좋은 직장이다.

일반인들은 잘 알지 못하겠지만, 사실 제약 업계 전체의 평균연봉은 다른 산업군에 비해서 높은 편이다. 그래서 아는 사람들만 들어오는 산업이었고, 지금도 여전히 정보의 장벽 때문인지 대기업이나 IT 기업에 비해 취준생들이 크게 관심을 가지지 않고 있다.

2021년 제약·바이오 산업군에 속한 매출 상위 50위 안에 있는 회사 신입사원 초봉을 분석해봤다. 그 결과 제약회사 간의 편차가 크지 않았고, 인지도가 높거나 회사 규모가 크다고 해서 초봉을 더 많이 받는 것도 아니었다(부록 1 참고). 일반재의 경우 대기업의 평균이 높고, 중소기업은 적지만 제약산업에서는 그 공식이 적용되지 않기 때문에 기업별 연봉 정보는 물론 기업 문화, 제품 파이프라인까지 꼼꼼히 잘 살펴보고 갈 필요가 있다.

간혹 취업 커뮤니티에 제약회사 평균연봉이라는 글이 올라오는데 현직자가 봤을 때 커뮤니티에 적혀있는 것은 의미가 없다고 생각한다. 산업군 자체가 한 회사를 오래 다니면서 호봉제를 통해 연봉을 산정받는다면 내가 나중에 어느 정도의 연봉을 받을 수 있을지 가늠해 볼 수 있다. 하지만 제약·바이오 업계의 평균 근속 연수는 7년 정도에 불과하다(메디파나뉴스, 2019년도 상장 제약, 바이오 기업의 연봉과 근속 연수 자료).

제약산업은 부서를 막론하고 이직이 매우 흔하며 은퇴 전까지 여러 회사로 옮겨 다니는 것이 당연한 것으로 여겨지기 때문에 평균연봉이 의미가 없다. 신입을 많이 뽑는 회사는 당연히 낮을 수밖에 없고 경력직을 많이 스카우트하거나 또는 채용을 한동안 하지 않았던 회사는 평균연봉이 높을 수밖에 없다. 게다가 국내 제약회사가 아닌 외국계 제약회사의 경우 호봉제가 아닌 성과제다. 내 성과에 따라 다음 해의 연봉인상률이 달라지기에 같은 기간에도 격차가 크게 벌어지기도 한다. 이처럼 변수가 많아서 제약산업은 평균연봉보다 초봉을 위주로 연봉 수준을 가늠해야 한다.

모두 대기업이나 공무원을 바라볼 때 나는 제약회사로 간다

우리나라의 취준생 중 3분의 1은 공시족이고 나머지 3분의 2는 대기업 취업을 목표로 한다. 2021년 대학생들이 뽑은 일하고 싶은 기업을 보면 카카오가 1위를 차지하고 있고 그 뒤로 삼성전자, CJ, 네이버, SK하이닉스, 현대자동차, 아모레퍼시픽, LG 등의 기업들이 뒤따르고 있다. 해당 기업들을 꼽은 이유로는 기업의 사업 가치와 미래 성장 가능성이 유망하다는 점과 만족스러운 급여, 투명하고 공평한 보상 제도, 동종업계와 지역사회에서 선도 기업의 이미지를 갖고 있다는 점 등이 있다.

위의 기업들을 보면 전 국민 누구나 알고 있는 이름들이 포진하고 있다. 취준생들이 가고 싶은 기업 순위에 IT 계열이 들어간 것을 제외

2030세대 직장선택 기준 TOP5

※2030세대 1,865명 설문조사

* 좋은 직장의 가장 중요한 조건

순위	조건	비율
1위	연봉	33.8%
2위	워라밸	23.5%
3위	고용안정성	13.1%
4위	직원복리후생	10%
5위	커리어 성장 가능성	8.7%

출처: 사람인, 2021

하고는 내가 취업했던 2008년이나 지금이나 별다른 차이가 없다.

왜 모두 위의 기업에 가고 싶어 하는 걸까? 아마도 직장 선택 시 고려하는 기준 1위인 연봉과 2위인 워라밸, 3위인 고용안정성 등이 반영된 결과일 것이다. 제약회사에 다니는 현직자로서 제약산업이 1~5위에 해당하는 선택 기준들을 대부분 충족할 수 있다고 생각한다. 왜냐하면 다른 산업에 비해 평균 초봉이 높고 외국계 제약회사들의 영향으로 업계 전체의 복지 혜택이 상향 평준화되어서 워킹맘도 커리어를 꾸려가기에 어려움이 없는 문화를 갖고 있기 때문이다. 그리고 주요 미래 먹거리 중 하나인 제약산업이 외부 요인에 의해 꼬꾸라질 경우는 매우 적은 편이다.

아프면 경제 위기에도 병원은 가야 한다. 게다가 전 세계로 진출하는 국내 제약회사들이 늘어나면서 우리나라가 글로벌 회사의 본사가 되어 경험을 쌓을 수 있는 성장 가능성 또한 점점 커지고 있다.

이렇게 좋은 복지 혜택들이 있는데 취준생들에게 제약산업에 지원하지 않는 이유를 물어보면 '그쪽 분야에 대해서 잘 모른다'는 답변이 제일 많았다. 왜 모두가 바라보는 레드오션에서 고생해야 하는가. 블루오션에서 내 미래를 찾아보자.

3장

제약회사
지원 전
알아야 할 직무

여러 부서가 하나의 조직체처럼
움직이는 제약회사

제약회사는 수십 개의 부서가 각자의 업무만 하는 것처럼 보이지만, 결과적으로 우수한 의약품이 환자에게 잘 전달될 수 있도록 동일한 목적으로 한몸처럼 움직이고 있다.

　제약회사를 구성하고 있는 부서는 크게 연구 개발 부서, 생산 부서, 임상 허가 부서, 판매 허가 부서, 지원 부서 이렇게 5가지로 구분할 수 있다. 이 구분은 회사의 조직 구조에 따라 하위 부서의 카테고리가 변경될 수 있다는 점을 감안하고 봐주길 바란다. 예를 들어 약가 급여 부서는 회사에 따라 판매 조직에 포함되는 경우도 있고, 지원 조직에 포함되는 경우도 있다. 그리고 학술과 사업 개발 부서 또한 회사마다 차이가 있을 수 있다.

연구 개발	생산	임상 허가	판매	지원
연구	생산 생산 관리 품질 관리 품질 보증	임상 허가 약가 급여 학술	마케팅 국내 영업 해외 영업 사업 개발	영업 관리 기획 홍보 윤리 경영 인사 구매 재무 IT

위의 그림에서 연구 개발, 생산, 임상 허가 부서는 이과 계열의 전공자로 제한하는 경우가 많은 편이고, 판매와 지원 부서는 문과 계열의 전공자를 우대하거나 전공 제한이 없는 경우가 많은 편이다. 연구 개발 부서의 경우 대부분 박사 또는 석사 학위를 받고 회사로 가게 되기에 학교에서 더 많은 정보를 얻을 수 있다. 그리고 지원 부서에서 인사, 구매, 재무, IT 부서의 경우 다른 산업과 거의 동일한 업무를 수행한다고 할 수 있기에 직무 소개에서 배제하겠다.

생산/품질 부서
직무를 알아보자

생산/품질 부서의 업무와 지원 자격, 필요한 역량을 소개하고자 한다. 생산/품질 부서는 이과 계열 전공자로 제한하는 경우가 많으니 그 부분을 염두에 두고 문과생이거나 예체능 전공이라면 뒤에 소개하는 판매와 지원 부서 위주로 살펴보기를 추천한다.

🔖 생산 부서

생산 부서의 주요 업무는 우수한 품질의 의약품을 생산하는 것으로, 의약품은 고형제(알약), 주사제, 바이오 의약품 등 종류에 따라 생산 공정이 달라지며, 표준작업절차서에 맞춰 생산이 이뤄진다.

예를 들어 고형제 생산 과정은 크게 칭량-과립-혼합-타정-인쇄-이물 검사-포장 과정으로 구분한다. 칭량은 계량하는 것인데, 쉽게 얘기하자면 설명서에 맞게 필요한 양을 준비하는 것이다. 이후 일정량의 수분을 포함해 과립 형태로 만들고 추가로 필요한 부형제를 혼합한 이후 원하는 모양으로 만드는 타정 과정을 거친다. 이후에 약표면을 코팅하고 고유의 표시를 하는 레이저 인쇄를 거친 후 이물 검사를 마지막으로 포장한다. 이러한 전체 생산 과정을 생산 부서에서 담당하며 입사 후에 생산 공정의 여러 단계 중 일부를 담당하게 된다. 주사제나 바이오 의약품은 고형제와 다른 생산 공정을 거치니 회사의 소개 영상을 보면 각 약제별로 쉽게 이해할 수 있다.

생산 과정에 대한 영상을 보면 알 수 있지만 생산 부서의 경우 담당에 따라서 원료와 반제품을 운반해야 하는 경우가 있고, 바이오 의약품의 경우 한여름에도 무진복(감마 멸균 등 멸균 세탁 관리를 진행해 보다 높은 제조 품질 관리 기준, 클린룸 기준에서 착용하는 방진복 형태)을 입고 작업을 수행해야 해서 체력적인 뒷받침이 필요한 직무다.

생산 부서의 지원 자격은 고졸 또는 전문대졸 이상으로 채용 공고에 따라 약간의 차이가 있다. 고등학교 졸업의 경우 마이스터 고등학교나 특성화 고등학교를 우대하는 기업이 있고, 전문대졸 이상을 채용하는 경우 화학, 바이오, 제약, 기계, 전자 등의 자연과학 계열로 제한하는 기업이 많다.

생산 부서를 지원할 때 고려해야 하는 점은 교대 근무를 해야 하는 경우가 있다는 것이다. 과거와 변함없는 회사가 아직 많기 때문에 야간 근무를 해야 할 수 있다는 점과 경기도를 포함한 지방에 생산 공장이 있는 경우가 많기 때문에 해당 지역 거주자를 우대하는 기업도 많다.

생산 부서에 필요한 역량은 입사 후 내부 교육을 통해 배울 수도 있지만 다양한 기관에서 제공하는 교육을 통해 미리 생산 공정을 숙지하는 것도 취업에 큰 도움이 된다.

최근에는 생산전문 인력양성을 위해 정부 주도하에 다양한 교육 프로그램이 실시되고 있다. 한국보건복지인재원에서 의약품 생산 입문 과정을 교육하고 있으며, 한국바이오인력개발센터에서도 바이오 의약품의 배양, 정제, 품질 관리 등의 교육을 진행하고 있다. 그리고 2021년에 신설된 바이오공정인력양성센터는 백신 특화 과정과 항체 위약품 과정으로 나눠 바이오 의약품 생산전문 인력을 양성하고 있다. 이러한 다양한 교육 과정에 참여함으로써 제약회사 생산직 채용을 미리 준비하면 도움이 된다.

■ 한국보건복지인재원: https://edu.kohi.or.kr
■ 한국바이오인력개발센터: https://bioexpert.kbiohealth.kr
■ 바이오공정인력양성센터: http://www.knibrt.com/main/main.php

생산 관리(기획) 부서

생산 관리(기획) 부서의 업무는 생산 계획 관리와 효율성 향상이 중요한 과제다. 생산 계획의 수립과 생산 관리를 통해 생산 일정에 차질 없이 공급하도록 돕고 원부자재, 재고, 반품 관리는 물론 원가 절감을 위한 시설 투자를 비롯한 공정 관리도 담당한다. 그리고 회사에 따라서 차이가 있지만, 생산직 직원의 인사 노무 관리도 담당하는 회사도 있다.

　생산 관리 부서에 필요한 역량은 의약품의 생산 공정과 GMP(제조 품질 관리 기준, Good Manufacturing Practice) 규정, 생산 설비에 대한 이해가 있으면 도움이 되며, SAP와 같은 생산 관련 시스템을 다뤄본 경험이 있으면 유리하다. 그리고 계획을 잘 세우고 실행해 나가는 계획성과 추진력, 문제가 발생했을 때나 생산성을 높이기 위해 상황을 분석하고 해결안을 제시하는 문제해결 능력도 매우 중요하다. 그리고 생산 부서와 품질 부서의 효율적인 소통과 협업을 통해 생산성을 향상시킬 수 있는 방법을 찾는 능력도 필요한 자질이다.

품질 관리 부서(QC)

품질 관리 부서는 우수한 품질의 의약품이 소비자에게 전달되도록 원료, 자재, 의약품의 이상 유무를 파악하는 분석 업무를 주로 수행한다. 그리고 표준작업절차서에 따라 각종 분석 장비를 사용해 실험을 직접 진행하고, 실험 결과를 기록하고 분석해 품질에 이상이 없는지 확인하는 과정을 수행한다. 이외에도 공정유효성검사(Process Validation), 절차유효성검증(Method Validation), 세척밸리데이션(Cleaning Validation) 관련 업무와 제조 용수, 제조 환경 샘플링, 모니터링 시험 등을 진행한다.

품질 관리 부서는 업무의 특성상 약학, 화학, 생물학, 미생물학, 화학공학 등의 관련 전공으로 제한된 경우가 많다.

품질 관리 부서에 필요한 역량 중 최근 합격 트렌드를 보면 실험실 경험과 분석 장비를 다뤄본 경험이 있는 지원자를 선호하는 편이기 때문에 LC, GC, HPLC, IC, UV와 같은 장비를 잘 다루는 경우가 유리하다. 그리고 QC 업무는 GMP 규정에 대해서 이해하고 있다면 도움이 된다. 혹시 GMP 규정을 잘 모르고 있다면, 식약처에서 발간한 GMP 규정집을 통해 공부할 수 있다.

품질 관리 부서는 표준작업절차서에 따라 분석 시험을 진행해야 하므로 규정을 잘 준수하는 성격 그리고 시험 방법이나 결과에 대해서 논리적이고 합리적인 결론을 내리는 분석력, 시험 결과를 잘 기록하고 문서화하는 꼼꼼한 성격도 QC 업무를 수행하는 데 필요하다. 자격증은 필수적인 요소는 아니지만, 화학분석기사자격증, GMP기술인자격증, 품질경영기사자격증을 취득하면 유리하다.

🏷 품질 보증 부서(QA)

품질 보증 부서는 의약품의 생산부터 출고까지 품질에 영향을 줄 수 있는 모든 요소가 식약처에서 정한 GMP 규정에 맞게 설정되도록 표준화·규격화·문서화하는 작업을 주로 담당한다. QC 부서가 직접 분석기기를 조작하면서 실험한다면, QA 부서는 생산과 관련된 모든 과정을 문서화하는 데스크 업무를 생각하면 쉽게 이해할 수 있다.

품질 보증 부서는 표준작업절차서에 맞춰 모든 생산과 분석 과정이 이뤄지는지 검증하고 문서화하는 밸리데이션 업무를 담당하며, 정기적으로 이뤄지는 식약처의 GMP 감사 대응 업무도 담당한다. 그외에도 제조 공정 중 일탈 관리, 규정 미준수와 같은 문제를 관리하고 문제점 시정과 예방조치(CAPA) 업무도 담당한다.

QA 업무는 QC나 생산 직무처럼 한 분야만 담당하는 것이 아니라 원료 구매, 생산, 품질 검사에 이르는 모든 과정에 대한 시스템을 구축하다 보니 광범위한 분야에 대한 이해가 필요하다. 따라서 생산 공정과 제조기기에 대한 이해, 분석기기 관련 지식을 갖추고 있으면 현장을 잘 이해할 수 있고, 관련 부서와 의사소통도 원활하게 할 수 있을 가능성이 높기 때문에 QC 업무를 먼저 경험한 후 QA 업무로 부서 전환을 하는 경우가 흔하다.

품질 보증 부서의 지원 자격은 QC와 거의 동일하며 약학, 화학, 생물학, 화학공학 등의 전공자만이 지원할 수 있다.

품질 보증 부서에 필요한 역량은 업무 내용에서 알 수 있듯이 GMP 규정에 대해서 잘 알고 있어야 한다. 식약처 GMP 규정집을 찾아 공부하는 것도 도움이 되고, GMP 관련 기관에서 교육을 받는 것도 고려해볼 수 있다.

한국바이오협회, 한국제약바이오협회, 한국보건복지인력개발원에서도 GMP 교육을 제공하고 있으니 직무에 대한 이해를 높이기 위해서 수강해볼 것을 추천한다. 마지막으로 필수는 아니지만 GMP기술인자격증, 밸리데이션기술인자격증, 품질경영기사자격증을 취득하는 것도 직무 역량을 어필하는 데 활용될 수 있다.

임상 허가 부서
직무를 알아보자

임상 허가 부서에는 임상 부서, 허가 부서, 약가 급여 부서, 학술 부서가 있고 그들의 업무와 지원 자격, 필요한 역량 등을 소개하겠다. 앞서 얘기한 생산/품질 부서와 비슷하게 이과 계열 전공자로 제한하는 경우가 많으니 꼭 알고 있도록 하자.

🏷 임상 부서

임상 부서는 의약품의 임상 시험 기획을 수립하고 임상 프로젝트의 관리, 임상 결과를 확보하는 업무들을 주로 담당한다. 같은 부서 내에서도 담당에 따라 직무의 차이가 있는데, 임상 시험 기획 담당자는 목적을 잘 판단할 수 있는 문서를 수집하기 위한 임상시험증례기록서(CRF)와 연구자가 임상 시험을 잘 진행할 수 있는 연구자자료집(IB)을 개발하며 임상시험결과보고서(CSR)를 작성하는 등 임상 시험 수행과 허가 관련 문서 개발을 주로 담당한다.

반면, 임상 시험 관리 담당자는 연구에 포함된 연구센터(병원)에서 임상 시험이 잘 이뤄지는지 점검하고 의료진, 간호사, 약사와 소통하면서 임상 계획에 맞춰 잘 진행되도록 돕는다. 회사에 따라 각 연구센터의 직접적인 관리는 임상시험수탁기관(CRO)에 외주를 주고 임상 부서에서 CRO 관리 업무만 하는 회사도 있다.

이처럼 임상 부서는 임상 시험을 관리하고 계획에 맞춰 진행되도록 해야 하므로 여러 이해 관계자들과 협업하면서 프로젝트를 이끌어갈 수 있는 리더십이 필요하다. 그리고 의료진, 약사, 간호사, CRO 회사 등 다양한 사람들과 지속적으로 소통하고 협력해야 하므로 사교적인 사람이 유리하다.

임상 부서에서 일하려면 임상 시험 관련 규정과 진행 과정에 대해서 이해하고 있는 것이 좋다. 의약품 임상 시험과 관련된 교육은 서울바이오허브, 한국임상CRO협회, 국가임상시험지원재단 등의 홈페이지에서 찾아볼 수 있다.

■ 서울바이오허브: https://www.seoulbiohub.kr
■ 한국임상CRO협회: https://www.kcroa.or.kr
■ 국가임상시험지원재단: https://www.konect.or.kr

그리고 국내에서 진행되는 모든 임상 시험은 의약품 안전나라에서 모두 찾아 볼 수 있기 때문에 지원한 회사에서 진행 중인 임상 시험을 알고 싶다면 의약품 안전나라에 접속해보자.

■ 의약품 안전나라: https://nedrug.mfds.go.kr

🏷 허가 부서(RA)

허가 부서는 식약처에 의약품을 신청하고 승인받는 일을 주로 한다. 허가뿐만이 아니라 허가된 품목 유지(변경, 재평가 등) 그리고 안전성 관리에 관련된 약물 감시, 시판 후 조사 업무도 담당한다. 비임상 시험과 임상 시험, 약의 허가 승인을 위한 각종 가이드라인에 맞춰 필요한 자료들을 식약처에 제출하고, 결과를 조율하는 일을 한다.

허가 부서에 필요한 역량으로는 우선 식약처의 질의와 보완 요청에 대해서 논리적으로 설득할 수 있어야 하므로 기본적으로 임상 자료와 허가와 관련된 규정 이해가 필수적이다. 식약처, 규제과학연구원의 의약품규제과학 전문가 양성 과정이나 서울바이오허브에서 제공하는 의약품 RA 입문 교육을 수료하는 것도 관련 업무를 파악하는 데 도움이 된다.

■ 규제과학연구원: https://kfdcedu.or.kr
■ 서울바이오허브: https://www.seoulbiohub.kr

허가 부서는 규정에 맞춰 적합한 자료를 차근차근 준비할 수 있는 끈기와 꼼꼼함, 근거 자료를 잘 조합해 원하는 메시지를 문서에 담아 전달할 수 있는 논리적인 성향을 갖고 있다면 유리하다. 식약처라는 정부기관을 대상으로 일하기 때문에 원활한 대인 관계와 소통 능력도 중요한 덕목이다.

약가 급여 부서(MA)

약가 급여 부서는 의약품 가격을 책정 받고 건강보험급여 적용을 위한 급여 등재 업무를 주로 담당한다.

약가 급여 부서에서 일하려면 우리나라의 건강보험제도와 약의 가격과 관련한 규정을 이해하고 있어야 한다. 또한 신약 등재를 위해 약물경제성 평가이론을 잘 숙지하고 있다면 더욱 유리하다. 그리고 식약처, 공단, 복지부와 근거 자료를 바탕으로 조율을 진행해야 하는 부서이기 때문에 임상 논문에 대한 이해와 여러 해외 자료 수집 능력이 필요하다.

약가 급여 부서는 변경된 규정과 정책, 경제성 평가 트렌드에 대해서 지속적으로 공부해야 하기 때문에 배우는 것을 좋아하는 사람이 적합하다. 또 정부기관과 약가 협상을 진행해야 하기 때문에 전략적으로 소통할 수 있는 능력을 가진 사람이 유리하다. 그리고 몇 년이 걸려도 급여 등재가 되지 않을 수 있기 때문에 포기하지 않는 끈기가 필요하다.

🏷 학술 부서

메디컬 부서라고도 불리는 학술 부서는 크게 업무를 두 가지로 나눠 구분하는데 제약의사(MSL, Medical Science Liaison)와 의료정보(MI, Medical information) 직무 분야로 나눠 볼 수 있다.

MSL은 주로 의료진에게 직접 제품과 질환에 관련된 최신 지식을 전달하고 마케팅과 영업 부서의 사람들이 질환과 약제를 잘 이해할 수 있도록 교육하는 역할 또한 담당한다. 반면 MI 부서는 의료진에게 전달되는 제품 홍보용 자료들의 근거 수준과 표현의 적절성, 규정 적합성 등을 주로 검토한다. 따라서 MI 업무를 보면 외근이 거의 없는 내근 위주의 업무라고 보면 된다.

학술 부서의 지원 자격을 보면 의학, 약학, 화학, 생물학, 간호학 등의 유관 전공자로 한정했으며, 논문에 대한 깊은 이해가 필수적이기 때문에 의학적이고 통계적인 지식을 가지고 있어야 한다.

그리고 강의와 설명회 자료를 제작, 발표하는 경우가 있기 때문에 전문 지식을 효율적으로 전달할 수 있는 문서 작성 능력과 발표 능력이 필요하다. 혼자 일하는 것이 아닌 의료진과 허가, 약가 급여, 마케팅, 영업 부서와 함께 일하기 때문에 원활한 의사소통 능력이 필요하고, 쉽게 설명할 수 있는 전달력도 중요하다.

판매 부서
직무를 알아보자

판매 부서는 생산/품질 부서, 임상 허가 부서와 다르게 문과 계열의 전공자를 우대하거나 전공 제한이 없는 편이다. 마케팅 부서와 국내 영업 부서, 해외 영업 부서, 사업 개발 부서로 나뉘어 있으니 문과생이거나 예체능 쪽을 전공한 사람이라면 지금부터 꼼꼼히 내용을 읽고 나와 맞는 직무를 찾아보길 바란다.

🏷 마케팅 부서

마케팅 부서는 다양한 데이터를 수집해 시장을 분석하고, 마케팅 전략을 수립하고, 제품의 가치를 다양한 채널을 통해서 고객에게 전달한다. 그리고 마케터가 의도한 대로 고객이 인식하는 것을 목표로 한다.

마케팅 부서의 지원 자격을 보면 전공에 대해서는 대부분 제한이 없는 회사가 많은 편이다.

마케팅 부서에서 일하기 위해서는 제약산업의 구조와 각종 규제에 대해 알아두는 것이 도움이 된다. 이 책의 6장에서 기초적으로 알아야 할 산업 구조와 규제에 관해서 기술해두었지만, 제약 마케팅과 관련된 정보를 더 공부하고 싶다면 한국보건복지인재원 또는 한국제약바이오협회의 제약 마케팅 교육을 수강해 보자.

마케팅 전략과 전술의 성공 여부는 결국 현장에 있기 때문에 제약회사는 현장 경험이 있는 영업 사원들 중에서 마케터를 선발하는 경우가 흔하다. 하지만 국내 제약회사의 경우 신입 마케터를 채용하는 경우도 많은 편이니 걱정할 필요는 없다. 이외에도 마케터는 데이터를 통해 시장을 분석하고 미래를 예측해 전략을 수립할 수 있는 능력이 필요하다. 분석 업무와 발표가 많기 때문에 피피티나 엑셀과 같은 프로그램을 잘 다룰 줄 알아야 한다.

또한 최근에는 디지털 채널을 활용한 마케팅에 대한 수요가 늘고 있어서 우수한 활용 능력을 보여주는 것도 필요하다. 회사에 따라서는 디지털 마케팅 팀을 별도 부서로 만든 경우도 있다. 마케팅은 핵심 오피니언 리더로 불리는 주요 고객과 영업 사원, 유관 부서 사람들과 교류가 많은 부서이기 때문에 사교적이라면 유리하고, 내향적인 성향보다는 외향적이고 적극적인 사람을 선호한다.

🏷 국내 영업 부서

국내 영업 부서에서 하는 업무는 마케팅 업무의 축소판이라고 볼 수 있다. 마케팅이 전국 단위라면 영업 담당자인 의료정보 담당자(MR)는 담당 지역의 시장 분석을 통해 올해 목표를 달성하기 위한 전략을 수립하고 고객과의 관계 형성과 거래처 방문을 통한 영업 활동을 한다. 정기적인 1:1 방문 디테일링 외에도 소규모 설명회, 심포지엄 등의 행사에 고객을 초청해 제품에 대한 정보를 전달함으로써 우리 제품에 긍정적인 인식을 갖도록 다양한 활동을 한다.

국내 영업 부서는 어떤 전공을 졸업하더라도 영업 업무를 진행하는데 무리가 없다. 지원을 위해 필수적으로 필요한 자격증은 없지만, 운전면허가 있는 것이 좋다. 모든 회사가 그런 것은 아니지만, 회사에 따라 업무용 차량을 지원해 주기도 한다.

국내 영업 부서에 필요한 역량은 마케팅 부서와 매우 동일한 편이다. 우선 제약산업 구조와 각종 규제에 대한 이해가 있어야 한다. 입사 이후에 교육을 통해 배우긴 하지만 취업을 준비하는 단계에서 직무에 대해 먼저 자세하게 이해하고 싶다면 한국제약바이오협회의

MR인증교육을 고려해볼 수 있다. 영업 직무의 주요 고객인 의사, 약사는 많은 환자들의 진료와 응대, 복약지도를 해야 하는 매우 바쁜 사람이다.

따라서 짧은 시간 내에 제품의 메시지를 효과적으로 전달할 수 있는 능력이 필요하고 고객과의 신뢰를 쌓을 수 있는 대인관계 능력이 필요하다. 그래서 사교적이고 활동적인 성격이 적합하다. 개인 성과에 따라 보상이 확실한 직무이기에 목표의식이 뚜렷하고 성취 지향적인 사람이라면 잘 맞을 것이다.

🏷️ 해외 영업 부서

해외 영업 부서에서 하는 업무는 제약회사의 글로벌 매출을 확대하고 기술, 원료, 의약품을 수출해 매출 목표를 달성하는 것이다. 상위 국내 제약회사의 경우에는 국내뿐만이 아니라 해외 수출 비중도 큰 편이기에 글로벌 제약사로 성장하는 것을 목표로 하는 회사가 많다. 그래서 현지 법인을 설립하는 등 과감한 투자를 하는 곳이 늘고 있다.

해외 영업 부서도 국내 영업 부서와 마찬가지로 매출 목표를 갖고 있고, 목표 달성을 위한 전략과 거래처 관리, 영업 활동을 하며, 신규 거래처 확대를 위한 수출 박람회 참가와 같은 홍보 마케팅 활동도 한다. 그리고 해외 기업을 대상으로 하기 때문에 수출입 관리나 해외 규제기관과 제약회사의 GMP 실사 응대를 해야 하는 경우도 있어서 실상 다양한 업무를 경험할 수 있다.

해외 영업 부서 지원 자격으로는 외국어 능력을 필수적으로 요구하는 경우가 많다. 이외에 무역도 담당하기 때문에 관련 자격증이 취직에 도움이 될 수 있다.

해외 영업 부서에 필요한 역량은 앞서 말했듯이 외국어 능력이 필수다. 베트남, 중국 등 다양한 시장을 대상으로 영업하기 때문에 영어 이외의 제2외국어도 갖추고 있다면 더욱 좋다. 그리고 해외 시장에 대한 깊은 이해와 규제 변화에 맞게 다양한 영업 전략을 제시할 수 있어야 하므로 변화를 지속적으로 모니터링하고 적용할 수 있어야 한다.

해외 영업 부서는 현재 대부분의 회사에서 새롭게 시장을 개척하거나 신규 거래처를 확대해 나가는 경우가 많기 때문에 도전 의식이 강한 사람, 긍정적인 사고와 추진력이 있는 사람이 적합하다. 그리고 해외 정치 상황이나 규제 등의 외부 요인으로 인해 사업이 지연되거나 끝내 이루지 못하는 리스크가 있어 위기대응 능력과 포기하지 않는 끈기가 필요하다.

🔖 사업 개발 부서(BD)

사업 개발 부서에서 하는 업무로 신약의 라이선스 인/아웃 업무와 파트너십 구축 등을 통해 중장기적인 사업 발전을 모색하는 일이 있다. 라이선스 업무의 경우 해외의 허가 의약품을 국내로 도입하는 것을 추진하는 라이선스 인과 자체적으로 개발을 한 약제를 해외 파트너사를 통해 판매되도록 하는 라이선스 아웃이 있다. 이러한 활동은 외국계 제약사보다 국내 제약사가 활발한 편이다. 라이선스 아웃을 위해서 전 세계의 제약회사가 참여하는 바이오 컨벤션 등에 참여해 바이어에게 자사의 제품을 홍보하고, 계약을 체결하는 업무도 BD 부서에서 하는 업무다. 그리고 외국계 제약회사 또는 국내 타제약회사와 공동 마케팅, 공동 프로모션 계약 등도 담당한다. 시장 전체의 트렌드를 파악하고, 변화 속에서 기업이 꾸준히 성장할 수 있도록 중장기적인 계획을 세우는 것도 업무의 일환이다.

사업 개발 부서의 지원 자격을 보면 다른 판매 부서들과 비슷하지만 그 외의 사항에 있어서는 회사에 따라 차이가 큰 편이라 채용 조건을 확인할 필요가 있다. 전공 무관 또는 상경 계열 전공, 약사 필수 등 세부 조건이 다른 편이다.

사업 개발 부서에 필요한 역량은 전체 제약 시장에 대한 거시적인 이해라고 할 수 있다. 어떤 질환군이 미래 성장 잠재력이 큰지 어떤 회사의 제품이 사업성이 있을지에 대한 판단을 할 수 있는 정보수집 능력이 필요하다. 그리고 타사와의 계약 시에 발생할 수 있는 법적·회계적 이슈에 대한 관리 능력과 계약 관련 협상 스킬 또한 필요하며, 외국 파트너사와 미팅을 진행할 수 있는 외국어 능력이 필요하다.

사업 개발 부서의 경우 끊임없이 변화하는 시장과 새로운 정보를 파악해 어떻게 우리 회사의 발전에 적용할 것인지 고민해야 하기 때문에 꾸준히 배우는 것을 좋아하는 성향의 사람이 적합하다. 그리고 회사 간의 법적·회계적 계약을 다양한 사항 모두 꼼꼼히 따지고 명시해야 하므로 철저한 성격을 가진 사람이 유리하다.

종합병원 영업 vs. 로컬 클리닉 영업, 뭐가 나을까요?

제약회사 영업 부서를 지원한다면 앞으로 몇 가지 선택의 기로에 놓일 것이다. 'ETC(전문의약품) 영업을 할 것인가? OTC(일반의약품) 영업을 할 것인가?' 'ETC 영업을 한다면 종합병원 영업을 할 것인가? 로컬 클리닉 영업을 할 것인가?'

일반적으로 제약회사는 ETC 사업부, OTC 사업부로 분리해서 운영하고, ETC 사업부는 종합병원과 로컬 클리닉 영업으로 분리한다. 회사에서 조직을 이렇게 구분해 운영하는 이유는 파트별로 가지고 있는 특징이 다르기 때문이다.

ETC와 OTC 사업부의 경우 고객이 각각 의사와 약사로 다르고, 종합병원 영업과 로컬 클리닉 영업의 경우 고객이 대학병원 의사와 개인병원 의사로 나뉜다. 따라서 방문하는 의료기관의 규모와 각 병원을 방문하는 환자군도 다르다.

종합병원 영업과 로컬 클리닉 영업은 어떤 차이가 있을까? 회사나 개인의 경험별로 편차가 있겠지만 공통적으로 얘기하는 항목을 정리해봤다. 나의 경험을 바탕으로 얘기해보자면 제약회사에서 신입은 로컬 클리닉 영업으로 배정하는 경우가 일반적이고, 종합병원 영업의 경우 경력이 있는 사람을 선호한다. 그래서 로컬 클리닉 영업으로 경력을 쌓은 후 종합병원 영업으로 변경하는 사람들도 있다. 왜냐하면 신입은 아직 업무가 익숙하지 않아 고객에 대한 이해도가 부족할 수 있기 때문이다.

종합병원 영업의 경우 신입이 들어와서 자신의 주요 고객인 핵심 오피니언 리더에게 실수했을 경우 회사의 리스크가 크기 때문에 경력직을 선호하는 것이다. 하지만 회사를 떠나 자신의 선호도도 따져 봐야 한다. 어떤 업무든지 나의 적성에 맞아야 재미있게 일을 할 수 있기 때문이다. 선택권이 주어진다면 종합병원 영업과 로컬 클리닉 영업의 장단점을 살펴보고 내가 선호하는 곳을 정해 보자.

종합병원 영업과 로컬 클리닉 영업

구분	종합병원 영업	로컬 클리닉 영업
담당 지역/병원	• 담당 지역구 내 3차 의료기관 *2차 의료기관은 회사에 따라 종합병원일 수도 클리닉일 수도 있음	• 담당 지역구 내 1차 의료기관 (내과, 소아과, 이비인후과 등)
장점	• 이동 반경이 적음. 병원 규모가 크기 때문에 한 병원 내에서 여러 고객 만날 수 있음 • 종합병원의 경우 병원 내 DC(Drug Committee)를 통과한 약제만 쓸 수 있어서 경쟁 약품의 개수가 클리닉 대비 적음	• 목표실적만 달성하면 되며, 어떤 병원을 고객으로 할 것인지에 대한 주도권이 영업 담당자에게 있음(즉 나와 안 맞는 고객은 포기하고 다른 병원으로 집중하거나 새로운 신규처를 발굴하거나 하는 자율성이 있음)
단점	• 특정 분야의 연구를 계속하고 있는 대학병원 교수인 의료진이 고객이기 때문에 제품에 대한 더 깊고 정확한 제품 지식, 이해도가 필요함 • 영향력이 큰 고객이 주로 종합병원에 모여 있고, 따라서 나와 맞지 않는다고 해서 영업 담당자가 다른 고객으로 바꾸거나 영업을 포기할 수가 없음	• 병원에 의사가 한 명인 경우가 많으므로 하루에 방문해야 할 타깃 고객수(콜수)를 채우려면 여기저기 이동해야 함 • 신규처 확대에 대한 압박이 있음

지원 부서
직무를 알아보자

마지막으로 지원 부서에 관해서 알아보자. 카테고리의 구분은 지원 부서라고 했지만 단순히 지원 업무를 넘어서 기업이 원활히 돌아가기 위해 어떤 회사에도 꼭 필요하다고 할 수 있다. 지원 부서 또한 앞서 말한 판매 부서와 마찬가지로 문과 계열의 전공자를 우대하거나 전공 제한이 없는 부서가 많은 편이니 문과생과 예체능 계열 전공의 사람들은 관심이 가는 부서의 직무를 잘 확인하기를 바란다. 지원 부서에는 영업 관리 기획 부서, 홍보 부서, 윤리 경영 부서 등이 있다. 3장 초입에 언급한 것과 같이 산업 특이성을 띠지 않는 인사, 구매, 재무, IT 부서는 지원 부서에 속하지만 다른 산업의 직무 내용과 크게 다르지 않기에 설명은 생략했다.

🏷️ 영업 관리 기획 부서(SFE)

영업 관리 기획 부서에서 하는 업무는 영업부의 성과 향상을 위한 제도적 장치를 만들고 운영하는 기획 업무와 영업부의 활동을 평가하는 평가 업무로 크게 나눈다. 이러한 업무를 수행함으로써 영업 활동에 전념할 수 있도록 도와주는 역할을 한다. 예를 들어 기획 업무 중 당해 매출 목표 추가 달성이라는 목표가 있다면 영업부가 일에 매진할 수 있도록 추가적인 매출 인센티브 제도를 만들어 교육하고, 예산을 배정하는 등의 업무를 진행한다.

반대로 정부의 갑작스러운 정책 변화로 인해 매출에 부정적인 영향을 끼칠 경우, 영업부의 의욕이 떨어지지 않도록 매출 목표를 조정하는 활동을 한다. 그리고 평가 업무는 영업부의 활동 지표인 방문, 디테일링, 예산 데이터와 전사적 고객관리 등을 모니터링하거나 평가한다.

또 전체 고객 정보와 병원 매출 정보를 분석하고 관리해 영업 팀별과 개인별 실적 등을 분석한 후 매출 목표를 달성할 수 있도록 도와주는 업무를 하고 있다. 그리고 전사적 자원관리 등 영업 시스템과 과정 변경, 표준화를 통해 영업의 효율성을 높이기 위해 노력한다.

영업 관리 기획 부서는 어떤 전공을 졸업하더라도 해당 업무를 진행하는데 무리가 없다. 그리고 회사에 따라 전문대졸도 지원할 수 있는 회사가 있다.

영업 관리 기획 부서는 새로운 제도가 영업부에 미치는 영향을 예측하기 위해 제약산업에 대한 이해가 필요하다. 여러 데이터 분석을 통해 영업 활동이 어떻게 이뤄지고 있는지 평가하고, 어떻게 매출을 향상시킬 수 있을지 대안을 제시할 수 있어야 하기 때문에 데이터 분석 능력 또한 필요하다. 기본적으로 엑셀 프로그램을 잘 다뤄야 하고, 전사적 자원관리 프로그램인 SAP와 ERP 경험이 있다면 좋다. 그리고 영업 관리 기획 부서는 영업 부서의 성과 향상을 위한 제도를 만들어야 하기에 영업 사원과 그들의 활동에 대한 깊은 이해가 필요하다. 이러한 이유로 영업부에서 현장에 대한 이해도를 쌓은 후 부서를 이동하는 경우도 흔한 편이다.

영업 관리 기획 부서는 영업부의 의견을 수렴하고, 경영진과의 조율도 직접 진행하는 포지션이기 때문에 사람들과 소통하고 여러 이해관계를 잘 조율하는 중재자 역할이 중요하다. 그리고 영업부가 업무를 원활하게 진행할 수 있도록 돕는 일이 많기 때문에 이타적인 성향이라면 업무가 잘 맞을 수 있다.

🏷 홍보 부서

홍보 부서에서 하는 업무는 내부 고객을 위한 사내 커뮤니케이션(조직문화 활성화)과 외부 고객을 위한 홍보 업무로 나눠 볼 수 있다. 이러한 홍보 활동을 통해서 궁극적으로 사람들이 회사에 긍정적인 이미지를 갖도록 하고 기업의 가치를 높이는 일을 돕는다. 사내 커뮤니케이션 업무의 경우 홍보 영상, 사보, 홈페이지 등의 기획, 관리 등이 포함되고 직원을 대상으로 하는 커뮤니케이션 세션 또한 홍보 팀에서 담당한다. 외부 커뮤니케이션의 경우 페이스북이나 유튜브 등 다양한 채널을 통해 회사와 제품 홍보 콘텐츠, 각종 사회 공헌 캠페인을 기획하거나 진행한다. 그리고 기자간담회와 같은 외부 행사 기획과 실행도 담당한다. 회사에 대한 부정적인 기사로 인한 리스크를 최소화하는 이슈 대응 업무 또한 하고 있다.

홍보 부서 지원에 필요한 자격을 보면 대부분 전공에 제한이 없지만 홍보 관련 전공자를 우대하는 회사들이 있다. 그리고 회사 구조에 따라 디자인 업무까지 직접 하는 곳이 있는데, 이런 경우 디자이너 채용을 위해 관련 전공자를 뽑는 경우도 간혹 있다. 채용 공고에 대한 꼼꼼한 확인을 필수로 하자.

홍보 부서에 필요한 역량은 기본적으로 제약산업에 대한 기초적인 이해와 자사의 제품 정보도 잘 숙지하고 있어야 한다는 것이다. 제약산업의 경우 제약 쪽을 담당하는 전문기자들과 소통을 하거나 응대하기 위해 제약산업과 제품 지식에 대한 정보를 최대한 많이 알아야 한다. 〈청년의사〉, 〈데일리팜〉과 같은 전문지 기사를 수시로 읽어보면서 최신 정책 이슈와 제약회사의 활동을 파악해본다면 홍보 부서 지원에 도움이 될 수 있다. 그리고 보도자료를 직접 쓰기도 하고, 외주

에이전시에서 써 온 자료에 내용을 보완하기도 해서 기본적으로 작문 실력이 우수해야 하고, 미디어 기자들과 소통할 때 오해가 없이 정확한 메시지가 전달되도록 하는 능력도 중요하다.

또한 제약회사 관련 기사들을 살펴보면 임상 시험의 실패, 오너리스크, 리베이트 적발 등 부정적인 사건이 다뤄지는 경우가 있다. 이러한 경우 홍보 부서에서 대처해야 하므로 갑작스러운 위기에 차분히 대처하고 해결할 수 있는 능력 또한 필요하다.

🏷 윤리 경영 부서(CP)

윤리 경영 부서는 회사가 윤리 경영과 준법 경영을 하도록 하는 것이 목적이다. 따라서 모든 직원이 법적 규정을 잘 이해하고 준수할 수 있도록 내부 CP 규정의 수립, 직원 교육, 모니터링 업무를 주로 진행한다. 그리고 공정거래위원회로부터 받는 공정거래 자율준수 프로그램(CP) 평가에서 높은 등급을 받기 위한 업무를 담당한다. 과거 제약산업의 리베이트와 관련된 이슈가 많았기 때문에 제약회사는 준법 경영에 민감하며, 윤리 경영 부서를 통해 불법적인 활동으로 기업의 가치가 훼손되지 않도록 노력하고 있다.

윤리 경영 부서 지원에 필요한 자격을 보면 전공에 제한이 없는 곳도 있지만, 상경 계열, 법정 계열, 산업공학 전공자로 제한하는 회사도 있어 채용 공고를 잘 살펴보고 지원해야 한다.

윤리 경영 부서에 들어가려면 기본적으로 제약산업의 구조와 생태계에 대한 이해가 있어야 하며, 제약산업과 관련된 법률적 이슈와 기존의 판례 등을 아는 것이 좋다. 입사 전 직무 이해를 위해 개설된 교육은 따로 없기 때문에 제약회사 CP 규정, 윤리 경영과 같은 키워드로 기사를 검색해 여러 규정과 최근 이슈를 파악하는 것이 역량을 키우는 데 도움 된다.

윤리 경영 부서에서 정하는 CP 규정은 꼭 지켜야하기 때문에 이를 어겼을 경우의 인사 조치도 이뤄진다. 따라서 이슈가 발생했을 경우 사건의 경위를 파악할 분석력과 사고력 그리고 냉철한 판단력이 필요한 부서다.

4장

제약회사 마케터가 들어가 본 제약 세계

주니어 마케터와
신입 영업 사원의 하루

제약회사에서 15년 가까이 일하면서, 팀장이 된 지금보다 후배들에게 제일 잘 보이고 싶었던 때가 바로 사원의 직급을 막 땐 2~3년 차시기였다. 26살 무렵의 나는 이름 뒤에 주임이라는 직책이 붙는 것만으로 어깨에 힘이 들어갔고 프로페셔널해 보이고 싶었다. 당시 우리회사는 공채로 여러 부서의 신입사원을 뽑았는데, 그렇게 입사하면 며칠간 제품과 회사에 대한 교육을 받은 뒤 각 부서로 발령받고 바로 담당 지역으로 배정받는 식이었다.

그날은 신입 영업 사원과 동행 방문이 있던 날이었다. 신입 영업 사원의 경우 담당 지역의 지점장이나 나와 같은 마케팅 제품 매니저 (PM, Product Manager)와 동행을 하면서 현장 교육을 하기도 했는데 드디어 나에게도 그날이 온 것이다.

'후배에게 프로페셔널한 PM의 모습을 보여주겠어'라는 다짐과 함께 영등포에서 만난 앳된 얼굴을 한 여자 신입사원은 요즘 거래처에 인사를 드리면서 원장님들과 얼굴을 익히는 중이라고 했다. 나는 당시 비뇨기 질환 약제의 마케팅을 맡고 있었는데, 우리가 만난 지역은 제품의 매출액이 높은 곳 중 하나였다.

나는 신입 영업 사원의 담당 거래처 중 매출이 떨어지고 있거나 저조한 곳을 위주로 동행 방문을 시작했다. 담당자 변경은 경쟁사에서 제품을 홍보하고 변경할 좋은 기회이기에 거래처 관리에 빈틈이 발생하지 않도록 주의해야 한다.

기존 거래처의 방문은 순조롭게 이어졌다. 우리는 환자가 뜸할 시간에 맞춰 병원에 들어가 간호사에게 회사 이름을 말하고 차례를 기다렸다. 간호사가 회사 이름을 불러주면 진료실로 들어가서 최근에 업데이트된 제품 관련 내용과 원장님 근황에 대한 얘기도 하면서 대화를 이어갔다. 그리고 오늘의 목적이었던 신입사원이 와서 잘 부탁드린다는 얘기까지 하고 진료실을 나와 간호사에게 인사를 하고 병원 문을 나섰다.

스스로 '완벽했다'라고 생각하며 만족감을 느꼈다. 나는 한발 더 나아가 신입사원에게 신규 거래처를 만들어주고 싶은 마음에 처음 가보는 비뇨기과를 가보자고 제안했다. 영업 팀은 기존 거래처에서 매출이 떨어지면 신규처 확보를 통해 보완할 수 있지만 여간 어려운 일이 아니다. 하지만 백지장도 맞들면 낫다는 생각으로 신입사원에게 둘이 같이 가보자며 눈앞에 보이는 비뇨기과로 향했다. 당차게 병원 문을 여는 순간 남자 간호사가 당황해하며 못 들어오게 했다.

"여기 여자 분은 들어오시면 안 돼요!"라며 허겁지겁 나를 막아서는 간호사에게 "저희 ○○회사인데 원장님께 인사만 드리고 갈게요"라고 말하고 들어가려고 했다. 그런데 간호사는 계속 몸으로 막아섰고 결국 병원 내부에 한 발짝도 들여놓지 못하고 우리는 쫓겨났다. 건물에서 나와 핸드폰으로 병원 이름을 검색해보니 수술만 전문으로 하는 병원이었다.

'어쩐지 병원 분위기가 좀 다르다 싶더니…'

병원 홈페이지를 검색해 본 후에야 왜 간호사가 정색하며 우리를 못 들어가게 했는지 이해가 갔다. 생각해보니 '여자 두 명이 진료실에 앉아 있으면 환자들이 엄청 불편하게 생각했겠구나' 싶었다.

멋진 선배의 모습만 보여주고 싶었는데 쫓겨나는 모습을 보여줘서 창피할 따름이었다. 지금 생각해보면 후배에게 잘 보이고 싶었던 마음이 이해가면서도 '그 당시 내가 알면 얼마나 안다고 신입사원을 가르치려 했을까' 하는 생각도 든다.

이후 10년 이상 제약 마케터로 일하면서 나는 전국의 수많은 영업고수들을 만날 수 있었다. 그들은 각자만의 방식으로 매출 실적을 끌어냈고, 함께 일하면서 '제약 영업에는 정석이 없다'라는 것을 깨닫게 해줬다.

취준생들을 만나 보면 아직 제약 영업에 선입견을 가지고 있는 친구들이 있어 아쉽다. 하지만 내가 실제 현장에서 만난 영업 고수들은 의학적 지식과 사람에 대한 이해를 모두 갖췄고 전문성을 가진 멋진 프로들이다. 나는 취준생들이 이 점을 꼭 기억하면 좋겠다.

학술 팀,
그들은 아군인가, 적군인가?

"누가 우리 애를 험담해?"

10년 이상을 제약회사 마케터로 일하면서 당뇨, 심혈관, 호흡기, 비뇨기 등 질환군을 옮겨가며 여러 제품을 담당해보니 나도 모르게 내 제품에 대한 애정이 생긴다는 것을 느꼈다. 마치 제품이 내 새끼인 것처럼 제일 잘나 보이고 누가 제품에 대해 싫은 소리를 하면 자꾸 감싸는 얘기를 늘어놓게 된다.

신입 마케터가 자주 빠지는 함정이 바로 내 제품에 대한 과한 애정으로 인해 객관적 관점이 흐려지는 것이다. 나 또한 신입 마케터일 때 담당한 제품이 제일 좋은 약이라는 밑도 끝도 없는 확신을 갖고 있었고 그 믿음에 빠져 있었다. 그러던 중 국내 제약회사에서 외국계 제약회사로 이직 후 처음으로 학술 팀과 일하면서 이런 태도가 되려 내 발목을 잡고 있었다는 사실을 깨달았다.

국내사에서는 브로슈어 같은 제품 홍보 물품은 마케팅 부서에서 자체적으로 제작했는데 외국계로 오니 학술 팀에 승인받아야만 인쇄를 할 수 있었다. 그 얘기를 들었을 때 '그냥 형식적인 승인 절차인가 보다'라고 생각했던 내가 어리석었다.

학술 팀에게 결과 파일을 받았을 때는 정말 충격적이었다.

내가 올린 제품 브로슈어 내용의 반이 다 삭제됐기 때문이다. '제품의 효과를 표현할 때 '최고의', '강력한' 등의 문구를 쓰지 말라', '이 근거 자료는 논문이 아니라 학술대회 포스터 자료이기 때문에 근거 수준이 떨어지니 삭제해라', '타제품과의 비교 내용은 비방이 될 수 있으니 삭제해라' 등의 이유에서였다.

내 제품의 강점을 극대화해서 매출을 올려야 하는 마케터에게 '최고의, 우수한, 강력한'이라는 형용사 문구도 못쓰게 하고 경쟁품 대비 효과가 좋다는 최신 포스터 자료도 못쓰게 하다니 마치 전쟁터에 나가서 싸울 무기를 하나씩 뺏기는 기분이었다.

'내 무기를 뺏길 수 없어! 같은 회사 사람인데 왜 이리 태클일까?'라는 생각에 나는 부리나케 학술 팀을 찾아갔다. 나는 당차게 미팅을 요청하고 미팅 장소에 입장했지만, 결과적으로 나는 원하는 결과를 전혀 얻지 못했고 완패한 채로 돌아올 수밖에 없었다.

미팅에서 학술 팀의 질문은 핵심을 파고들었다.

"이 제품이 최고라는 근거가 뭔가요?"

"저널에 게재된 논문도 아닌 환자 수가 적은 학술대회 포스터 자료를 갖고 경쟁사보다 우리 제품이 좋다고 얘기하는 것이 신뢰할 만한 근거 자료가 될까요? 하나의 케이스로써 봐야 하지 않을까요? 브로슈어에는 근거가 확실한 임상 자료만 실을 수 있습니다."

나는 학술 팀의 질문에 하나도 반박할 수가 없었다.

학술 팀의 객관적이고 냉철한 시선에서 봤을 때, 우리 제품이 최고라는 근거는 어느 곳에서도 찾을 수 없었다. 최고라고 하기 위해서는 비교 대상이 필요했다. 하지만 전 세계에 있는 의약품을 비교한 자료가 있을 리 만무했고 단일 병원에서 소수의 환자를 대상으로 진행한 포스터 자료가 유명 의학 저널에 발표된 자료만큼 신뢰성이 있다고 주장할 수도 없었다.

미팅은 완패였다. 패인은 내가 제품에 매몰돼 객관적인 시선을 잃어버리고, 제품이 생명과 직결하는 의약품이라는 사실에 대한 긴장감이 없었기 때문이었다.

이후 나는 학술 팀과의 지속적인 협업을 통해 의료진의 입장에서 수긍할 수 있을 정도의 객관적인 사실에 근거한 자료 수준을 익힐 수 있었다. 결과적으로 학술 팀은 마케터의 방해꾼이 아니라 객관적인 사실을 넘어선 과장된 메시지를 전달하지 않도록 지켜주고 검증해주는 든든한 조력자다.

의약품 허가,
이런 게 나비효과일까?

나는 새롭게 발매하는 제품의 마케팅 리드로 10년 만에 이직을 하게 되었다. 새로운 회사에 첫 출근을 한 그 주에 제품 허가가 나왔고 나는 '드디어 시작이다'라는 설렘에 허가 내용을 바로 검토하기 시작했다.

그런데 예상했던 문구와는 전혀 다르게 허가가 나왔고, 심지어 우리 약제보다 이전에 출시된 경쟁품과 동일한 효능·효과 적응증으로 나왔다. 내가 구상했던 마케팅 전략의 시작점이었던 적응증의 차별화라는 첫 단추부터 완전히 어긋나버린 것이다.

우리 제품의 임상에 포함된 환자군과 해외의 허가 적응증을 참고해봐도 왜 이런 결과가 나왔는지 수긍하기 어려웠고, 결국 회사 전체

회의를 긴급히 소집할 수밖에 없었다. 과연 이 결정을 그대로 받아들일 것인지 아니면 설명을 통해 이의를 제기할 것인지 논의가 긴급히 이뤄졌다.

결과적으로 허가, 학술, 마케팅 팀이 협업해서 다시 한번 설득하는 것으로 결론이 났다. 그로부터 2개월 후, 우리는 다행히도 계획했던 허가 적응증에 가까운 문구로 변경할 수 있었다. 식약처가 번복한다는 것은 매우 드문 일인데, 허가 팀과 학술 팀에서 적극적으로 임상적 근거를 갖고 설득한 결과 이뤄낸 값진 성과였다.

물론 그 기약 없는 설득의 기간 동안 마케팅 팀은 갑작스러운 상황에 대처하느라 일이 두 배로 늘어났다. 영업 팀에서 혼선이 없도록 안내 메시지를 만들고 앞으로의 대응 전략에 관해서 설명해야 했다. 주요 고객들을 만나면 경쟁품과 동일하게 적혀있는 허가 적응증으로 인해 동일한 효능과 효과를 가진 제품으로 인식하지 않도록 이 상황에 대해서 잘 설명해야 했다.

게다가 현장에서 고객을 직접 응대하는 영업 팀은 더욱 난감한 상황을 몸소 겪었다. 기존에 작성해서 만들어두었던 제품 홍보 브로슈어들을 전혀 쓰지 못하게 됐기 때문이다. 새로 나온 허가 적응증으로 내부 리뷰 절차를 거치고 인쇄하느라 한동안 영업 팀은 맨손으로 홍보를 하느라 고생해야 했다.

제약회사의 여러 부서는 배턴을 이어받듯이 제품 수명의 각 부분을 담당하고 있다. 제품 허가는 마케터에게 있어 갓 태어난 제품을 넘겨받는 순간과 같다. 이처럼 어느 하나가 예상에서 벗어나면 그 여파가 나비 효과처럼 유관 부서로 이어지기 때문에, 각자의 자리에서 최선의 결과를 가지고 오는 것이 중요하다고 다시 한번 깨닫게 된 일이었다.

허리케인으로
공장이 무너졌다구요?

여느 해와 다를 것 없이 바쁘게 흘러가던 중에 갑자기 청천벽력 같은 소식이 들려왔다. 생산공장이 있던 미국에 허리케인이 발생해서 문제가 생겼고 의약품 생산을 중단했다는 것이다. 당시 나는 당뇨 약제를 담당하고 있었는데 이 소식을 듣자마자 든 생각은 '약이 품절되면 어떻게 하지?'였다.

제품이 품절되면 당장 올해 목표 매출 마감이 불투명해지는 것은 물론이고 우리 제품의 공급 공백기에 타제품으로 불가피하게 처방되기 때문에 경쟁품들이 이 기회를 놓칠 리가 없었다. 게다가 약국과 병원에서 쏟아질 컴플레인과 이를 감당해야 할 영업 팀과 마케팅 팀의 부담 또한 염려됐다.

출근 후 당장 급한 것은 한국에 들어와 있는 재고 물량을 파악하는 것이었다. 그 후에는 몇 개월을 버틸 수 있는지, 미국이 아닌 다른 생산 공장에서 들여올 수 있는 물량이 있는지를 품질 팀과 확인해 봤다.

품질 팀과 확인한 결과 다행히 당시 내가 담당하는 제품의 재고는 몇 달 치 여력이 됐고, 국내에 도착해 품질 테스트를 앞둔 물량도 추가로 있었다. 회사 제품 수급에 문제가 있을 것 같다는 소문을 들은 도매상과 약국에서 사재기하기 시작했지만 다행히도 테스트 일정을 최대한 앞당겨 문제없이 약품이 공급될 수 있도록 품질 팀에서 도움을 줬다. 결과적으로 대략 6~7개월은 버틸 수 있을 정도였다.

정말 하늘이 도왔다는 생각이 들었다. 왜냐하면 외국계 제약회사에서 생산 물량을 갑자기 조절하는 것은 쉬운 일이 아니기 때문이다. 국내 제약회사는 공장이 국내에 있고, 생산부터 QC, QA 업무까지 물량이 부족하다고 하면 일사천리로 해결되기 때문에 물량 조절이 좀 더 유연하지만 외국계 제약회사는 그렇지 않았다.

외국계 제약회사는 전 세계의 매출 예측치를 바탕으로 생산량을 결정해야 한다. 해외에 위치한 공장에서 각 나라별로 보내야 하는 물량이 할당되어 있기에, 갑자기 필요하다고 요청해도 이른 시일 내에 전달 받기가 쉽지 않다. 그래서 마케터는 품질 팀과 진행하는 미팅에서 점쟁이가 되어야 한다. 품질 팀의 단골 질문은 "얼마나 팔릴까요?"이기 때문이다.

매월 품질 팀과 미팅을 통해 생산량을 유지하면 되는지 시장에 변동이 있는지를 논의한다. 하지만 예상보다 팔리지 않아 재고가 쌓이기 시작하면 유통기한이 지났을 때 폐기 비용을 고스란히 떠안아야 한다. 반대로 예상보다 많이 팔려 품절이 나지 않도록 약을 구하느라 비행기로 급히 들여온 적도 있다.

미래를 예측해야 하는 자가 바로 마케터다. 다행히 이번 허리케인은 갑작스러운 자연재해로 인해 품절될 상황이었지만 허가 변경으로 미리 발주해둔 수량 덕분에 피할 수 있었던 그야말로 하늘이 도운 케이스였다.

학술대회 홍보 부스
판촉물을 가져가는 사람들

제약회사 마케터에게 날씨가 좋은 계절이 다가온다는 것은 본격적인 주말 근무 시즌이 돌아왔다는 것을 의미한다. 의사들은 각자의 전공에 따라 유관 학회 회원으로 활동하고, 봄과 가을 주말에 주최하는 학술대회 참석을 위해 전국의 의사들이 한 자리에 모인다.

이처럼 춘계·추계 학술대회 시즌이 오면 제약 마케터들은 전국 투어를 시작한다. 왜냐하면 의사들은 이비인후과, 비뇨기과, 호흡기내과 등 자신의 전공과 관련된 곳만 참석하면 되지만, 소화기 약제나 알레르기 약제처럼 특정 과에서만 처방이 나오는 것이 아닌 넓게 쓰이는 약제를 담당하는 제약 마케터들은 여러 질환의 학회에 모두 참여해야 하기 때문이다.

제품 홍보 부스는 외부 에이전시에서 학술대회 전날까지 행사장에 모두 세팅해 주고, 당일에 각 지역 영업부의 도움을 받아 홍보 활동을 한다.

마케터는 학술대회장에서 멀티 플레이어여야 한다. 의사들과 같이 진행하는 강의를 듣고 최신 트렌드를 파악한 후에, 영업부에게 전할 최신 질환과 약제에 관한 업데이트 교육도 준비해야 하고, 학회에 참석한 핵심 오피니언 리더(KOL)와 교류하기 위해 학회장 이곳저곳을 뛰어다녀야 한다. 그래서 제약 마케터에게 춘계와 추계의 주말은 '가족과 함께'라기보다 '일과 함께'라고 표현하는 것이 적절하다. 나는 마케터로 일했던 10년 이상 주말에 고정적인 일정을 잡아 본 적이 없다. 이후 약가 급여 부서로 옮기고 나서야 처음으로 주말 문화 센터 강좌에 등록하며 '내게도 이런 날이 오다니' 하고 감동했던 기억이 난다.

다행히 그날은 학회 장소가 지방이 아닌 서울 명동에서 개최했기 때문에 가벼운 마음을 가지고 향했다. 학술대회 중에 홍보 부스는 강의 사이 커피브레이크 시간에 제일 붐비는데, 이날도 어김없이 그 사람들이 왔다. 가끔 다른 장소에도 오는 경우가 간혹 있는데 유독 명동에 있는 호텔에서 자주 볼 수 있었다. 그들은 제약회사에서 주는 큰 제품 홍보백을 들고 있었고 그날도 어김없이 우리 부스에 와서 테이블 위에 올려져 있는 판촉물을 휩쓸고 갔다.

제약회사의 홍보 부스를 방문하는 의사들의 경우 무겁다고 안 받아 가는 경우도 종종 있지만 의례적으로 방명록에 소속과 이름을 적으면 판촉물을 하나씩 준다. 그런데 이런 사람들은 방명록은 적지도 않고 항상 물품만 몇 개씩 들고 후다닥 다른 부스로 옮겨 가는 나름 그들만의 패턴을 가지고 있다.

제약회사에서 제공하는 판촉물은 회사별로 품목과 금액이 다양하다. 소소한 볼펜과 노트부터 음료, 고급 생수, 물티슈, 가글, 칫솔치약 세트, 신규 규정이 적용되기 전에는 골프공에 이르기까지 다양한 물품이 많아서 제약회사 부스만 한 바퀴 돌아도 큰 가방이 가득 찰 정도였다.

그런데 몇 년 전부터 이런 제약회사 판촉물을 휩쓸어가는 사람들이 사라졌다. 2018년 어느 날, 윤리 경영 부서에서 판촉물을 없앤다고 직원들에게 공지했기 때문이다. 세계제약협회(IFPMA)가 기념품과 판촉물 제공을 금지하도록 관련 윤리 규정을 개정하면서 한국글로벌의약산업협회(KRPIA)에서도 세계제약협회의 규정을 따르기로 했다는 것이다. 제약 업계의 투명성과 윤리성을 위해서라고 윤리 경영 부서는 설명했지만, 판촉물 또한 주요한 제품 홍보 수단으로 활용하고 있었던 마케팅 팀과 영업 팀 입장에서는 당황스러운 결정이었다.

받아들이기는 어려웠지만, 한국글로벌의약산업협회에서 결정한 사항이기 때문에 결국 회사는 창고에 쌓여있던 판촉물을 처분하기 시작했다. 이후 외국계 제약회사 부스에는 갖고 싶을 만한 판촉물은 사라졌다. 제품 홍보 브로슈어와 볼펜 정도만 준비됐고, 자연스럽게 부스를 휩쓸고 가던 사람들도 사라졌다.

윤리 경영 부서는 변호사를 통한 법률 자문은 물론 회사 내부 규정부터 세계제약협회의 규정까지 검토해서 위반의 소지는 없는지 회사에 미칠 위험 요소는 없는지 종합적으로 검토한다. 내가 가장 답답했던 점은 결국 여러 규정을 다 검토해보면 명확하게 명시하지 않은 애매한 영역에 있는 경우가 많았고, 그러한 경우에 하지 말라는 답변을 받을 때가 많았다.

간혹 어떻게든 자신의 아이디어를 실행해 보기 위해 윤리 경영 부서에 맞서 논쟁을 이어가고 심지어 언성을 높이는 마케터도 종종 있다. 나도 이런 시절이 없었던 것은 아니지만 오랫동안 해보니 승산이 별로 없다는 것을 깨달았다. 그리고 윤리 경영 부서가 보수적으로 검토할 수밖에 없는 그들의 입장을 연차가 쌓여가면서 점차 이해할 수 있었다.

제약회사와 의사의 관계에는 오래전 리베이트 사건 사고로 제약업계에 부정적 시선이 여전히 존재한다. 나는 윤리 경영 부서가 어디까지가 판촉 활동이고 리베이트인지 판단이 애매한 경우에 더 보수적으로 선을 긋고 지키기 위해 노력하는 것이라고 답을 내렸다. 윤리 경영 부서가 긋는 선은 마케터가 아이디어를 펼치기에 어려운 환경을 만든다. 하지만 직원들과 회사를 보호하기 위한 것임을 느끼게 된 이후부터 윤리 경영 부서의 고충도 이해가 되었다.

윤리 경영 부서는 외부에서 법률을 전공하거나 변호사를 영입하는 경우도 있지만 내부의 영업 사원들이 부서 전환을 통해 가는 경우도 많다. 현장에서 뛰던 사람들이 상황을 모를 리 만무하다. 그럼에도 불구하고 회사와 직원에 미칠 위험 요소를 미연에 방지하기 위해 우리는 지켜주는 역할을 자처하고 있다고 생각한다.

사장님 전화 바꿔달라구요?
저희 사장님 외국인이에요…

내가 다닌 회사들은 매출 상위권에 위치해 있었고 규모가 큰 회사였지만 고객센터를 따로 운영하지 않았다. 대부분 회사 대표 전화번호로 표기해두고 고객이 연락하면 리셉션 직원이 고객의 용건에 따라 관련 부서로 연결해주었다.

고객에게 전화가 왔을 때 제품과 관련해서 가장 연결하기 좋은 곳은 마케팅 부서다. 왜냐하면 다른 내근 부서의 경우 회사 전체의 제품을 담당하고 있는 경우가 많은데 마케팅 부서는 제품별로 담당 PM이 있고, 제품에 대한 질환과 약제, 보험 정보 등을 모두 담당 마케터가 알고 있기 때문이다. 그렇다 보니 마케터들은 병원, 약국, 환자 구분 없이 많은 전화를 받는다.

그날은 리셉션으로부터 환자의 문의 전화를 받았다. 이런 경우 약가 또는 부작용에 대한 문의가 대부분이어서 나는 바로 메모할 준비를 했다. 왜냐하면 제약회사 직원은 부서와 관계없이 회사 약을 먹고부작용이 있는 것 같다는 얘기를 들으면 무조건 24시간 이내에 약물감시 부서(PV)로 파악된 정보를 보고해야 하는 의무가 있기 때문이다. 그래서 인과관계가 명확하지 않더라도 약물의 부작용일 수 있기 때문에 나는 환자 정보와 증상을 적기 위해 준비했다.

전화를 준 환자는 고령의 남성이었는데 약제비를 환불해달라고 했다. 그래서 나는 "네. 어떤 증상으로 인해서 환불을 얘기하시나요?"라고 되물었다. 환자는 약의 유통기한이 지나서 못 먹겠다고 답변을 줬다. 처방일을 물었더니 약 봉투에 적힌 날짜를 확인하고는 4년 전에 처방받았다고 했다. 고객 응대 전화를 받다 보면 뭔가 잘못 걸렸다는 생각이 문득 스칠 때가 있는데, 지금이 바로 그 순간이었다. 머릿속으로 '오늘 처리해야 할 일이 엄청 많은데 앞으로 2~3시간은 이사람한테 잡혀있겠다'라는 생각이 들었지만, 정신을 다잡으며 대답했다.

"약을 안 드셨던 이유가 있으실까요?"

"장롱에 넣어두고 까먹었어요. 이 약 못 먹으니까 환불해주세요."

"환자분이 깜빡 잊어서 못 드신 거라면 저희가 환불 절차를 진행하기는 어려울 것 같아요"라고 조용히 대답했더니 그 순간 환자의 언성이 높아지면서 무작정 소리를 지르기 시작했다.

역시나 싸한 예감이 맞았다. 아무리 설명해도 소리만 지르고 막무가내로 환불해 달라고 할 뿐 회사의 절차나 내 얘기는 전혀 듣지를 않았고 들을 생각조차 없어 보였다. 결국에 한 시간이 지나도록 제가 권한이 없어서 제 마음대로 할 수 있는 일이 아니라고 얘기하니 나중에는 사장을 바꾸라고 난리였다.

"저희 사장님이 외국인이어서 바꿔드리기보다는 저한테 말씀하시는 게 나을 것 같습니다."

"내가 외국어 배워서라도 얘기할 테니 사장 바꿔!"

전화를 끊었다가는 더 큰 일이 날 것이 뻔했기 때문에 결국 나는 도돌이표와 같이 반복하는 고객의 얘기를 들을 수밖에 없었다. 그렇게 두 시간이 지나니 환자도 지쳤는지 욕을 하고 끊어버렸다.

전화 통화가 끝나니, 나는 욕을 들어서 기분이 상한 것보다 진이 빠져서 회사 의자에 기대어 천장을 멍하니 바라봤다.

'어휴 끝났다… 그래도 부작용 케이스가 아니라 다행인 건가?'

약은 복용으로 인한 득이 실보다 클 때 약으로 허가받을 수 있다. 즉 치료제로써 효과가 있지만 그로 인한 부작용이 있을 가능성도 당연히 있다.

그래서 제약회사는 약과 부작용의 인과관계 여부와 상관없이 고객이 얘기한 모든 부작용 의심 사례를 수집하고, 식약처와 본사에 보고한다. 실제로 이렇게 수집된 결과로 득보다 실이 크다는 것이 밝혀져 퇴출당하는 약제도 존재한다.

그날의 전화는 환자가 부작용으로 인해 고통받고 있는 케이스는 아니었기 때문에 다행이기도 했고, 부작용을 호소하는 환자에게 복용 시기, 증상, 병원 등 여러 정보를 세세하게 묻는 불편함을 감수하지 않아서 다행이었다.

약물 부작용으로 인한 문의는 대부분 자신에게 나타난 부작용이 약제 때문이라고 생각해 화가 난 상태에서 전화한다. 약물 감시 팀에서 가능한 많은 정보를 파악해서 24시간 이내 보고하라고 하지만, 감정적으로 화가 난 사람에게 A부터 Z까지 많은 정보를 물어보고 파악하는 것은 여간 어려운 일이 아니다.

다행인지 불행인지 이날은 부작용 케이스가 아니었지만 욕을 하도 먹어 배부른 하루였다.

가깝고도 먼 사이,
미디어

기자간담회는 연예인들만 하는 것이 아니다. 신제품이 출시 될 때, 제약회사에서도 나름대로 규모가 있는 의약품의 경우에 기자간담회를 통해 제품과 회사의 기대를 소개하는 자리를 가진다.

당시 나는 새롭게 출시하는 고지혈증 치료제 마케팅을 담당하고 있었는데, 회사의 기존 파이프라인을 성공적으로 확대할 것이라는 기대를 받고 있었기에 내가 그동안 담당했던 제품 중 최초로 기자간담회를 진행했다.

호텔에 수십 명의 기자를 초청해서 기자간담회를 하는 것이 처음이라 준비부터 고민이 많았는데, 홍보 부서와 함께 준비하면서 심리적인 부담을 많이 덜 수 있었다. 홍보 부서는 회사 내 다양한 제품의 기자간담회를 진행한 경험이 있었고, 주로 참석하는 기자들과 네트워크가 있을뿐더러 내 제품의 미디어 업무를 담당하는 외부 에이전시도 함께 관리해줘서 준비에 많은 도움을 받았다.

나는 든든한 지원군인 홍보 부서의 가이드에 따라 발표할 교수님과의 사전 미팅에서 예상 질문을 전달한 후에 리뷰 미팅을 가졌다. 그리고 또 회사 내부의 발표자인 전무님과 학술 부서의 스크립트를 정리하고 몇 번의 리뷰와 수정을 거쳐서 발표와 Q&A 준비를 완료했다.

드디어 당일 설레는 마음으로 시청역 근처의 호텔로 향했다. 나는 첫 기자간담회에 떨리는 마음을 감출 수 없었다. 시작 시간이 가까워지자 여러 매체의 기자들이 호텔 기자간담회장으로 하나 둘 모여들었고, 홍보 부서는 기자들에게 인사하느라 바쁜 모습이었다. 정치부 담당 기자 중 국회 출입 기자가 따로 있는 것처럼 외국계 제약회사도 담당이 따로 있다.

나도 제약 마케팅을 하다 보니 제약산업과 약제에 대한 기사를 많이 보게 됐고, 내용에 깊이가 있는 기사의 경우 '누가 썼지?'라고 하면서 기자의 이름을 스크롤하며 찾아보기도 했다. 그리고 당일 기자들에게 인사를 하며 내가 평소에 좋아하던 스타일의 기사를 쓰는 사람들을 직접 만날 수 있었다. 기사로만 접하다가 직접 대면하니 너무 기뻤지만, 적당히 거리를 두고 자중하려고 노력했다.

제약 마케터에게 미디어 기자란 가깝고도 먼 존재인 것 같다. 마케터이기 때문에 미디어 사람들과 긴밀히 지내면서 소통할 것 같지만 정작 제품이나 회사에 대한 질문에 대해 홍보 부서 이외의 부서는 답변할 수가 없기에 소통이 불가능하다. 회사에서도 기자로부터 연락받았을 경우 모두 홍보 부서로 연결하는 응대 매뉴얼을 정기적으로 교육한다. 그래서 사적으로 친해지고 싶은 기자들이 있어도 홍보 부서가 아니라면 가까이 다가가는 것은 거의 불가능하다. 혹시나 내 말 한마디로 잘못된 정보나 회사에 대한 오해가 생길 위험 요소가 있기 때문이다.

드디어 기자간담회의 시작을 알리는 제품 출시 오프닝 영상이 흘러나왔고 발표를 시작했다. 수십 명의 기자가 교수님과 회사 관계자의 설명을 들으며 열심히 타이핑을 해나갔다. TV에서만 보던 광경을 눈앞에서 보게 되니 신기할 따름이었다.

그날 처음 알게 된 사실은 기자간담회가 종료되지 않았음에도 기사가 실시간으로 여러 매체를 통해 올라간다는 점이었다. 기자간담회가 중반을 넘어서니 벌써 몇 개의 매체에서 관련 기사를 띄우기 시작했다. 물론 사전에 배포한 보도자료에 포함된 공식 내용을 그대로 복사하고 붙여넣기를 한 미디어도 있었지만, 약간의 코멘트를 추가해서 게재된 기사들도 있었다.

강의가 끝나고 Q&A 세션에서 제품과 관련된 심도 있는 질문은 물론 회사에 대한 예리한 질문도 이어졌다. 역시 기존에 기사를 심도 있게 다루던 기자들을 위주로 질문과 답변이 오갔다. 그들의 질문과 답변을 들어보니 '괜히 깊이 있는 기사가 나오는 것이 아니야'라는 생각이 들었다. 질환이나 제품의 기전에 대해서 잘 알지 못한다면 절대 나올 수 없는 질문을 하는 기자들을 보며 절로 고개가 끄덕여졌다.

대부분의 사람이 기자나 홍보 부서는 글쓰기만 잘하면 될 거라고 생각한다. 하지만 실제로 제약산업을 담당하려면 질환과 의약품에 대한 지식이 바탕으로 깔려있어야 한다. 제품과 관련된 기사를 다루고 교수님들을 인터뷰하기 위해서는 질환, 제품, 의약 용어에 대한 이해가 필요하다. 그리고 홍보 부서는 기자들의 모든 선택이 자신을 통해 이뤄지기 때문에 제품에 대한 기본적인 사항 외에도 핵심 메시지와 제품의 가치를 잘 드러내는 강점들을 잘 숙지하고 있어야 한다.

그렇게 나의 첫 기자간담회는 성공적으로 마무리가 됐고, 지금도 검색을 해보면 그날의 보도자료들을 찾아볼 수 있다. 처음이란 항상 그렇듯이, 나에게 이날은 지금까지 진행했던 활동 중 가장 인상 깊게 기억에 남아 있다.

화성에서 온 A사,
금성에서 온 B사

국내 제약회사에서 마케팅을 하던 시절, 외국계 제약회사 A사와 공동프로모션 계약을 맺은 적이 있었다. 일반적으로 외국계 제약회사는 국내 제약회사에 비해서 영업 사원 수가 적은 편이다. 제품의 규모나 특성에 따라서 광역시 단위의 종합병원에만 배치하는 경우도 있고, 도 단위 별로 한 명만 배치하기도 한다. 영업 사원의 수가 적기 때문에 당연히 거래하는 거래처 수도 한정될 수밖에 없다. 하지만 이를 보완할 수 있는 방법이 있는데, 바로 국내 제약회사의 영업망을 활용한 공동프로모션 계약이다. 회사 간의 계약은 주로 사업 개발 부서에서 사업성과 득과 실을 여러 부서와 협업을 통해 분석한다. 외국계 제약회사와 국내 제약회사의 공동프로모션은 당시 업계에서 안정적으로 정착된 양사 모두 윈윈할 수 있다고 여겨지는 일반화된 사업 파트너십 계약이었다.

외국계 제약회사는 국내 제약사의 영업망을 활용함으로써 거래처의 범위를 늘릴 수 있다는 장점이 있고, 국내 제약회사는 기존에 방문하던 거래처에서 제품 포트폴리오를 늘림으로써 외국계 제약사로부터 판매에 따른 수수료를 받을 수 있었다. 이러한 회사 간의 이해관계가 맞아떨어지는 경우 BD 팀의 주도하에 양사는 계약체결을 하고 본격적인 양사 실무진의 상견례가 이뤄진다.

나는 내 제품의 첫 공동프로모션 계약에 들떠있었고, 그날 A사 마케팅 부서와의 첫 미팅을 준비하기 위해 회의실을 세팅하느라 분주하게 움직이고 있었다. 그러던 중 엘리베이터 문이 열리고 낯선 얼굴을 한 사람들이 회사 안으로 들어왔다. 여성은 한 손에는 테이크아웃 커피를 들고 당당한 걸음으로 들어왔고, 남성은 검은색 배낭에 검은색 잠바를 입고 회의실로 들어와 자리에 앉았다.

나는 회의실로 들어와 내 쪽으로 향해 걸어오고 있는 A사를 보며 놀라움을 감출 수 없었다. 완벽한 정장만을 허용하는 우리 회사 사람들의 관점으로는 학교 책가방같이 보이는 배낭과 정장이 아닌 캐주얼 차림으로 양사 미팅 자리에 나타난 A사가 외계인처럼 보일 뿐이었다. 나를 비롯한 회의실 세팅을 준비하던 동료들은 서로 아무 말도 못 하고 눈빛으로 당황스러움을 주고받았다. 회의 테이블에 마주 보며 앉으니 같은 시공간에 있는데도 그렇게 이질적일 수가 없었다.

A사는 30대 후반으로 보이는 상무님과 마케터가 참석했고, 우리는 50대 이상의 전무님들이 한쪽에 자리를 잡았다. 영업과 마케팅 전무님 그리고 BD 팀과 일부 실무진이 함께한 그 미팅은 겉으로 드러나지 않았지만, 테이블 끝 쪽에서 양쪽을 지켜보던 나의 관점에서 봤을 때, 마치 불편한 상견례 자리처럼 느껴졌다.

그리고 미팅이 끝나고 A사가 간 후 회의에 참석한 사람들의 얘기가 들렸다. "양사 미팅에 어떻게 저런 옷을 입고 오지? 우리를 무시하는 거 아니야?"라며 얘기를 하는데 BD 팀도 난감한 표정이었다. 당시에는 나 또한 이러한 전무님들의 얘기에 극히 공감하고 있었다. 하지만 무슨 인연이었는지 이후 내가 A사로 이직하면서 당시 도저히 이해할 수 없던 상황들의 실마리가 풀리기 시작했다. A사의 문화에 사는 사람들의 관점에서 보자면 그러한 복장과 태도는 지극히 평범한 것이었다.

이처럼 같은 대한민국에 있는 제약회사임에도 불구하고 어떤 회사에 다니느냐에 따라서 당연한 것과 당연하지 않은 것을 판단하는 기준이 달라지는 경험을 했고, 나는 지금은 미국계, 유럽계, 일본계 제약회사를 오가며 지루하지 않은 삶을 살고 있다.

5장

제약회사 지원 전 준비해야 할 8대 스펙

청춘을 낭비하는 스펙은 노

취업하기 위해 갖춰야 한다고 주로 언급되는 스펙이 있다. 학력, 학점, 자격증, 공인어학성적, 수상경력, 인턴십, 대·내외활동(교육, 봉사활동), 경력 사항(아르바이트) 이렇게 여덟 가지다. 간혹 스펙 하나 없이 대기업에 취업했다는 이야기가 들려오기도 하는데 절대 그런 말들에 현혹 당해서는 안 된다. 그들은 낮은 확률을 극복하고 취업에 성공한 것이기 때문이다.

누군가 '취업을 위해 8대 스펙을 갖추기 위한 노력을 해야 하는가?' 라고 묻는다면 내 대답은 당연히 '그렇다'다. 그 이유로 우리는 컴퓨터가 1차 서류 접수를 필터링하고, AI가 면접을 보는 시대에 살고 있기 때문이다. 이력서의 스펙과 AI 면접의 답변이 점수화돼 컴퓨터가 합격 여부를 판단하는 시대에 운으로 서류가 통과될 것이라는 기대는 접어야 한다. 나의 스펙이 철저히 객관화되고 수치화되어 평가될 것이기 때문에 일단 쌓고 봐야 한다. 기계가 아닌 기업의 사람과 대면할 기회를 주는 것은 나의 스펙이다.

그렇다면 '어떻게 이 수많은 스펙을 다 쌓지?'라는 걱정이 생긴다. 이렇게 막막한 경우는 내가 가고자 하는 목적지를 정하지 못했을 때 발생한다. 예를 들면, 내가 김밥을 만들기로 했을 때 김밥 재료만 필요한데 대부분의 취준생은 무엇을 만들지 정하지도 않은 채 남들이 좋다고 하는 랍스터, 캐비어까지 구하려고 애쓴다. 랍스터, 캐비어가 내가 만들려고 하는 김밥에 무슨 의미가 있을까? 결국 어디로 갈지 목적지를 정하지 않은 채 남들이 필요하다고 말하는 것만 이것저것 채우다 보면 해당 직무에는 전혀 필요 없는 스펙으로 가득 찬 이력서가 완성될 뿐이다.

제약회사에 취업하는 것으로 나의 목적지를 정했다면 그에 필요한 맞춤형 스펙만 갖추자. 쓸데없는 스펙을 갖추다가 아까운 내 청춘을 낭비하지 말자.

제약회사 취업을 위한
맞춤형 스펙을 만들자

스펙을 쌓는다는 것은 명확한 취업 목표(산업군, 직무)를 정하고, 해당 포지션에서 원하는 인재상에 부합할 수 있도록 일관성 있게 나의 포트폴리오를 전략적으로 구성하는 것을 말한다. 나의 스펙을 인사 담당자가 봤을 때 '이 사람은 제약회사의 ○○업무를 하고 싶어서 지속적으로 노력해 온 사람이구나'라는 생각이 든다면 매우 훌륭하다.

그런데 취업컨설팅을 진행하다 보니 제약회사 맞춤형 스펙을 가지고 있는 신입 지원자는 정말 찾아보기 어려웠다. 그 이유는 아마도 대학교 1학년부터 '대기업에 갈 거야' 또는 '공무원이 될 거야'라고 일찍이 준비하는 사람은 많아도 '제약회사에 갈 거야'라고 생각하고 미리 준비하는 사람은 적기 때문이다. 그리고 다른 산업에 비해서 제

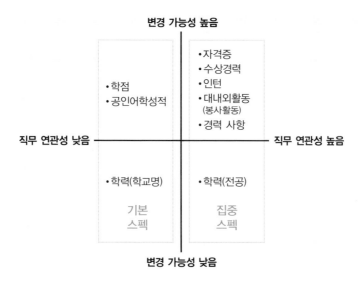

약산업에 대한 정보를 찾는 것은 쉽지 않다. 이처럼 정보가 한정적이
다 보니 제약회사 입사를 위해서 어떤 스펙이 필요한지조차 모르는
경우가 대부분이다.

Q: 그렇다면 어떤 스펙이 제약회사 맞춤형일까?

내가 마음먹기에 따라 바뀔 수 있는지에 대한 변경 가능성 여부와 직
무 연관성 두 가지 기준으로 8대 스펙을 기본 스펙과 집중 스펙으로
나눠봤다. 기본 스펙은 직무 연관성이 낮지만 1차 서류 통과를 위해서

기본적으로 갖춰야 하는 것이고, 집중 스펙은 직무 연관성이 높기 때문에 내가 통제할 수 있는 영역에 있다면 대학 생활 틈틈이 공을 들여야 하는 것이다.

기본 스펙이 서류 통과를 위해 평균 이상으로 만드는 것이 목표라면 집중 스펙은 많으면 많을수록 나의 스토리가 풍부해진다. 두 카테고리의 특징이 다르기 때문에 기본 스펙과 집중 스펙으로 나눠 어떻게 제약회사 취업용 8대 스펙을 준비할지 알아보자.

제약회사 취업을 위한
기본 스펙 다지기

기본 스펙이란 직무 연관성은 낮지만 1차 서류 통과를 위해 기본적으로 갖춰야 할 조건을 말한다. 기본 스펙에는 학력(학교명), 학점, 공인어학성적이 포함되며 평균 이상을 목표로 잡고 최소한 서류 심사에 필터링이 되지 않을 수준으로 갖춰 두자.

🔖 학력(학교명)

8대 스펙 중 통제할 수 있는 범위를 넘어선 것이 바로 학력이다. 이미 입학했다면 편입 이외에는 학교를 바꿀 수 있는 방법이 없고, 졸업을 앞둔 상황이라면 더욱 막막할 것이다. 다른 방법이 없는 상황이라면 학력 때문에 너무 고민하지 말고 내가 변화시킬 수 있는 다른 스펙에 집중하자.

그런데도 학력에 관한 부분을 언급한 이유는 제약회사 취업을 위한 학력과 관련된 일반적인 오해에 대해 짚고 넘어가기 위해서다.

Q: 저는 고졸입니다. 제약회사 취업은 어렵지 않을까요?

이 질문의 반은 맞고 반은 틀리다. 고등학교 졸업자의 경우에 제약회사에서 주로 생산직에서 채용하고 있고, 실제로 많은 사람이 생산 현장에서 일하고 있다. 특히 요즘 분위기를 보면 고졸 생산직의 채용 수요가 점점 증가하는 추세다.

게다가 2장에서 언급한 인천 송도만 하더라도 제약회사의 생산공장 설립과 막대한 투자 계획이 이미 세워져 있다. 의약품 생산 시설을 추가 설립하면서 실무에 바로 투입될 수 있는 마이스터고, 바이오과학고 졸업자의 채용도 늘어나고 있어서 고졸이라는 학력이 제약회사 취업의 장애물로 작용하지 않는다.

그런데도 이 질문이 반은 맞고 반은 틀린 이유는 국내 제약회사에 비해 외국계 제약회사로 취업하는 것은 상대적으로 어려울 수 있기 때문이다. 물론 일부 외국계 백신 부자재 회사 중 2023, 2024년에 국내 생산 공장 설립 계획을 밝힌 곳도 있지만 오랜 시간 한국 시장에 있던 대부분의 외국계 제약회사의 경우 생산 시설을 국내에서 철수했기 때문에 외국계의 의약품은 주로 수입을 통해 국내에 유통되고 있다. 그래서 고졸 생산직으로 외국계 제약회사에 취업하는 것은 쉽지 않을 것이다.

Q: 제약회사 가려면 석사 학위 이상은 있어야 한다고 하던데요?

간혹 이런 질문을 받으면 나는 지원하고자 하는 부서가 어디인지 물어본다. 왜냐하면 연구 부서나 학술 부서의 경우 관련 전공의 석사 이상의 학력을 요구하는 경우가 많기 때문이다. 하지만 이러한 특정 부서를 제외하고 석사 학위는 필수적이지 않다.

연구 부서의 신약 연구는 매우 전문적인 분야다. 그렇기 때문에 당연히 회사에서 석사 또는 박사, 약사 등의 조건을 지원 자격에 명시해두고, 면접 시에 학교에서 어떤 연구를 주로 했는지 중요하게 본다. 학술 부서의 경우도 의사를 대상으로 판매하는 제품에 국한된 정보가 아니라 광범위한 질환, 약학 지식을 전달하고 논의를 하기 때문에 약사 또는 석사 이상이라는 조건이 붙는다.

하지만 채용 공고에 지원 자격을 따로 명시한 일부 부서를 제외한 대부분은 석사 여부가 합격을 좌우하지 않는다. 학사 졸업자이든 석사 졸업자이든 제약회사는 해당 직무에 더 적합한 사람을 뽑는다. 그래서 따로 명시한 부서가 아니라면 일단 먼저 취업하고 나서 경력을 쌓는 것이 더 나은 방법이다. 그리고 해당 직무에서 신입으로 일하면서 스스로 좀 더 학문적으로 깊이를 쌓고 싶을 때 대학원에 진학해서 공부하더라도 늦지 않다.

일부 대학원 중 회사에 다니면서 공부가 가능한 커리큘럼을 제공하는 곳도 있어 원한다면 일과 학업을 병행하는 것이 가능하다. 그런데도 제약산업 또는 일과 관련된 지식을 먼저 쌓고 싶다면 정부에서 학비를 전액 지원하는 대학원도 고려해볼 수 있다.

국내는 제약·바이오특성화대학원, 규제과학대학원 등 제약산업과 관련된 대학원들이 있고, 일부 학교의 경우 정부지원사업에 선정돼 자금지원 혜택을 받으며 공부할 수 있다. 선정 대학은 매년 변경되기 때문에 그해 어떤 대학원이 선정됐는지 확인한 후 전일제대학원을 지원하면 정부 지원금으로 학비를 대부분 충당할 수 있다. 반일제대학원에서 학비를 일부 지원해주는 곳이 있기 때문에 경제적 부담을 줄이면서 수업을 들을 수 있다.

2021년을 기준으로 제약·바이오특성화대학원은 성균관대, 연세대, 동국대가 선정되었고 규제과학대학원은 성균관대, 아주대, 경희대가 선정되었다.

🏷️ 학점

한 채용 포털 사이트에서 발표한 자료에 따르면 2021년 상반기 1,000대 기업에 합격한 지원자들의 평균 학점은 3.7점(4.5점 만점)이었다. 물론 평균값이기 때문에 일부 편차가 있겠지만 서류 합격 안정권에 들어가기 위해서는 이를 넘기는 것을 추천한다. 특히 3점 미만의 학점일 경우 회사 입장에서 성실성의 문제로 보거나 서류 심사에서 필터링으로 탈락할 가능성도 있다.

🏷️ 공인어학성적

공인어학성적은 제약회사 내의 부서와 업무에 따라 중요도 편차가 크다. 예를 들어 외국계 제약회사의 마케팅 부서는 외국어로 문서를 작성하고, 외국 본사와의 회의가 수시로 발생한다.

따라서 단순히 영어 공인점수뿐만 아니라 실전에서 사용하는 말하기와 쓰기 실력이 필요하다. 반면 국내 제약회사의 영업 부서는 한국인이 고객이기 때문에 상대적으로 회사에서 요구하는 영어 실력이 낮다.

그럼에도 안정적인 서류 통과를 위해 2021년 1,000대 기업 합격자 토익 평균 점수인 886점을 목표로 삼고 충족하는 것이 좋다. 하지만 앞서 애기한 것처럼 영업, 생산 등 직무에서 영어 사용이 필수적이지 않은 경우 좀 더 낮은 기준으로 800점 이상을 목표로 하는 것도 가능하다.

제약회사 취업을 위한
집중 스펙 다지기

다음으로 제약회사 맞춤형 스펙을 만들기 위해 필요한 집중 스펙을
얘기해보려고 한다. 직무 연관성이 높기 때문에 자신이 통제할 수 있
는 영역이라면 집중적으로 준비해야 한다. 학력(전공), 자격증, 수상경
력, 인턴십, 대내외활동, 경력 사항(아르바이트)을 알아보자.

🔖 학력(전공)

학력의 개념은 다양하게 해석할 수 있다. 기본 스펙에서 다루었던 학
력은 학벌에 가까운 개념이라면 집중 스펙에서 다루는 학력의 개념

은 직무 연관성을 잘 드러낼 수 있는 전공 분야에 대한 것이다.

제약회사에 관심을 갖고 있는 지원자들이 가장 많이 하는 질문이 바로 전공에 대한 부분이다. 특히 "저는 이과생, 약대생이 아닌데 제약회사 지원해도 될까요?"라는 질문이 제일 많다.

일반인들이 제약회사를 다니고 있는 사람들에게 가지는 편견 중 하나가 '이과생, 약대생들이 대다수일 것이다'라는 점이다. 하지만 실제로 제약회사에 다니는 사람들의 전공을 보면 심리학, 경제학, 미대, 체대 등 다양한 학부를 전공한 사람들이 제약회사에 다니고 있다.

나도 제약회사에 취업하는데 문과생이라는 점이 전혀 장애물로 작용하지 않았다. 특정 지원 자격을 제한한 부서가 아니라면 전공과 관계없이 제약회사 맞춤형 스펙을 갖춘 후 이 기업에 들어가기 위해 꾸준히 준비해왔다는 스토리를 만들어 내자. 그렇다면 제약회사 취업은 어렵지 않다.

그럼에도 불구하고 '나는 이과 계열의 전공이 아니라 너무 불안하다'라는 지원자가 있다면 복수전공을 활용해볼 수 있다. 학부가 문과나 예체능 계열이라면 이과 쪽을 복수전공하거나 또는 관련 교양과목을 이수하는 것이 도움이 된다. 그리고 이과 계열인데 만약 지원하고자하는 부서가 마케팅, 경영 기획과 같은 부서라면 문과(경제, 경영) 전공을 듣는 것도 충분히 도움이 될 것이다.

🏷️ 자격증

부서와 관계없이 제약회사 취업을 위해 갖추면 도움이 될 만한 자격증은 없지만, 취득했을 때 업무 전문성을 어필할 수 있는 자격증은 있다. 이 책의 3장에서 상세히 소개해둔 부서별로 도움이 될 만한 자격증을 참고하기를 바란다.

🏷️ 수상경력

외국계 제약회사의 경우 공모전을 진행하는 일이 적지만 국내 제약회사는 일반의약품, 건강기능식품, 식·음료품, 화장품 등의 포트폴리오를 같이 갖고 있는 경우가 많아서 제약회사에서 주최하는 공모전을 어렵지 않게 찾을 수 있다.

정부기관인 식품의약품안전처라던가 한국희귀·필수의약품센터, 질병관리청 등 보건 산업과 관련이 있는 곳에서 공모전을 주관하기도 하고, 병원이나 학회에서 질환 홍보를 위해 공모전을 진행하는 경우도 많다.

이러한 기관의 경우 접근이 어렵지 않은 주제로 공모전을 진행하는 경우가 많아서 도전해보는 것이 좋다. 그리고 최근 들어 의료 빅데이터 관련 관심이 높아지면서 빅데이터, 의료 통계 관련 공모전도 계속 생겨나는 추세다. 만약 IT쪽에 강점이 있는 지원자라면 관련 공모전에 지원해보면 좋을 것 같다.

제약산업과 관련된 제약회사, 정부기관, 병원, 학회에서 주최하는 공모전에 참가해 입상하는 것은 단 한 줄의 수상 스펙 외에도 자기소개서나 면접에 좋은 콘텐츠로써 활용할 수 있기 때문에 적극적으로 참가해볼 것을 추천한다. 위비티, 대티즌, 씽굿 사이트에서 제약, 약품, 질환, 의료라는 키워드로 검색하면 관련 제약산업, 보건 산업과 관련된 공모전을 쉽게 찾아볼 수 있다.

🏷 인턴십

인턴십의 경우 제약산업과 내가 가고 싶은 부서에 대한 이해를 높일 좋은 기회다. 인턴십을 통한 현장 경험이 있는 지원자는 이를 바탕으로 자기소개서를 구성할 수 있기에 경쟁자들 사이에서 눈에 띌 수밖에 없다. 그리고 이곳에서 만난 현직자들이 취업을 준비하는 데 도움을 주는 좋은 멘토가 될 수 있다. 그래서 기회가 된다면 꼭 지원해볼 것을 추천한다.

제약회사 취업을 위한 경험할 방법은 크게 두 가지로 나눠 생각해볼 수 있다. 바로 제약회사에서 인턴십을 경험하는 것과 또 하나는 제약산업과 관련된 기관(병원, 공공기관)에서 하는 것이다.

⊙ 제약회사 인턴십

제약회사의 경우 인턴십의 기회가 다른 산업군에 비해 많지 않다. 약대생만 모집하거나 또는 별도의 공고 없이 산학 연계를 한 약대만 대상으로 진행하는 경우가 많기 때문이다. 그래서 제약회사의 인턴십은 일반적으로 잘 알려지지 않았다. 하지만 잘 찾아보면 약대생이 아니더라도 지원할 수 있는 것들이 있다. 단지 정기적으로 진행하거나 대대적으로 홍보하는 편은 아니어서 정보를 찾는 데 노력이 필요하다. 하지만 흔하지 않은 기회이기에 이를 잡는 사람은 그만큼 제약회사에 입사하는데 경쟁력을 갖는다.

최근에 한국화이자제약, 대웅제약, 셀트리온, 삼성바이오로직스, 삼성바이오에피스 등의 제약회사들이 인턴십을 진행했다. 정기적으로 모집하는 회사도 있지만 어떤 해는 진행하고 어떤 해는 진행하지 않는 경우가 많기 때문에 위의 리스트에 있는 제약회사 외에도 수시로 찾아볼 필요가 있다.

⊙ 제약산업 유관기관 인턴십

제약회사에서 인턴십을 하는 것이 제일 좋지만 진행하는 회사가 적기 때문에 제약산업과 관련있는 유관기관에서 인턴십을 하면서 제약산업을 경험해보는 것도 대안으로써 생각해 볼 수 있다.

정부에서 운영하는 잡알리오(https://job.alio.go.kr)에 접속하면 공공기관의 모든 채용 정보를 찾아볼 수 있다. 사이트에 접속 후 채용 정보에서 보건, 의료, 청년 인턴(체험형)을 선택한 후 검색하면 현재 모집 중인 공공기관의 청년 인턴 공고를 찾아볼 수 있다. 검색 결과를 보면 서울대병원, 부산대병원, 대전병원과 같은 국공립병원에서 인턴을 할 수 있는 공고들이 있다. 병원에서 일하면서 의사, 간호사, 제약회사, 약제과 등의 생태계를 간접적으로 경험해보는 것도 도움이 된다. 그리고 건강보험심사평가원에서도 체험형 청년 인턴을 정기적으로 모집하고 있으며, 이 부분은 따로 건강보험심사평가원에서 공고를 찾아볼 수 있다.

위에서 언급한 건강보험심사평가원은 제약회사에서 제출한 급여 신청에 대해 평가하는 역할도 하고, 병원에서 청구한 치료비 내역이 적절한지 심사하는 역할도 한다. 병원, 정부기관 모두 제약사와 관련된 주요 기관이기에 제약회사 취업을 꿈꾸는 지원자라면 이곳에서 인턴십 경험을 통해 제약산업에 대한 이해도를 높일 수 있다.

🔖 대내외활동(교육, 봉사활동)

대내외활동에는 교육 수료와 봉사활동이 있다. 교육과 봉사활동 중에서 더 중요하게 여겨지는 부분은 교육이기에 이 부분을 먼저 설명하고자 한다.

✅ 교육 수료

대학교에서 참가했던 교육, 동아리 활동이나 외부 기관에서 진행한 교육 수료증도 직무와 연관 지을 수 있다면 나의 포트폴리오를 채워줄 중요한 콘텐츠가 된다. 하지만 제약회사와 관련된 교육을 찾는 것은 쉽지 않고 그중에 무료가 아닌 돈을 내는 교육도 있다. 이 정도의 비용을 지불하고 교육을 받을 만큼의 가치가 있는지 판단하기는 더 어려울 것이다. 그래서 제약회사 인사 담당자가 이력서를 봤을 때 알 만한 공인 기관의 교육만 추려서 소개한다. 각 직무별로 교육을 제공하는 기관과 과정에 대해 3장에서 상세히 다루고 있으니 그 부분을 참고하자.

한국보건복지인력개발원 교육

한국보건복지인력개발원은 보건복지부 산하 준정부기관으로 보건복지 전문 인재양성을 위한 교육 사업을 하고 있다. 기존에는 제약산업에 종사하고 있는 현직자를 위주로 운영하는 교육이 많았는데 최근 들어서 취업준비생을 대상으로 제약·바이오 산업 직무 교육이 진행되고 있다. 의약품 생산, 마케팅, 개발 등 제약산업에 대한 이해와 현직자를 만날 수 있는 기회이기 때문에 교육을 잘 활용하자. 이 사이트에서 검색할 때 주의할 점은 취업을 준비하는 학생이라면 교육 대상에서 일반(자격 제한 없음)을 선택해야 한다는 것이다. 현직자만 대상으로 진행하는 교육도 있기 때문에 일반인 대상 교육으로 미리 필터링해야 수강신청이 가능하다. 일부 교육비를 부담해야 하는 강의도 간혹 있지만 대부분 무료다.

매해 커리큘럼이 약간씩 변경되지만 대부분의 강의가 보건 산업과 제약회사의 생태계를 이해하는 데 많은 도움을 준다. 의료 데이터를 활용한 데이터사이언티스트캠프와 같은 학교에서 듣기 어려운 강의도 무료로 수강할 수 있으니 잘 찾아서 연결고리를 만들어 보자.

■ 보건복지인력개발원 교육정보포털: https://edu.kohi.or.kr/index.do

한국제약바이오협회 교육

한국제약바이오협회(KPBMA)는 제약·바이오 산업의 발전을 위해 약 200여 개의 제약회사로 구성되었다. 셀트리온, 한미약품, 대웅제약, 종근당 등 많은 제약회사가 속해 있다.

이 KPBMA에서 운영하는 교육으로 현재 의약품 제조관리자 교육, GMP 교육, MR 교육(제약영업), 제약 마케팅 교육 그리고 QA·QC와 관련된 교육도 기타 교육에 포함해서 진행하고 있다. 아쉽게도 KPBMA에서 진행하는 교육 과정은 모두 유료고, 각 과정별로 교육비, 참여 대상 등이 상이하기 때문에 사이트에서 관련 세부 사항을 확인하자.

■ 한국제약바이오협회: https://www.kpbma.or.kr

✅ 봉사활동

구인·구직 매칭 플랫폼에서 439개 기업에게 스펙에 관해 물어본 설문조사 결과에 따르면 불필요한 스펙 톱5 안에 봉사활동이 있고, 나도 이 의견에 동감한다. 그런데 다른 집중 스펙에서 아무런 연관성을 만들 수 없다면 봉사활동이라도 해야 한다.

제약산업의 경우, 봉사활동 경험을 연결고리로 만들 수 있는 부분이 상당히 많다. 왜냐하면 의약품은 시장경제의 논리로만 생각할 수 없는 공공재의 성격도 갖고 있기 때문이다. 제약회사는 의약품을 판매함으로써 수익을 내는 영리단체이지만 그 근원에는 어디까지나 환자를 위하는 마음에 기초하고 있다. 그래서 제약회사 취업을 희망하는 지원자라면 스펙을 떠나 환자들을 위한 봉사활동에 한 번쯤은 참여해보기를 추천한다.

지원 가능한 봉사활동은 1365 자원봉사 포털사이트에서 찾아 볼 수 있고, 봉사 분야에서 보건 의료를 선택하면 각 지역의 병원, 보건소, 치매 센터 등에서 할 수 있다. 이외에도 비영리단체나 학회에서 주최하는 후원활동에 참여할 수 있으니 적극 활용해보길 바란다.

어머나 운동본부

어머나는 '어린 암환자들을 위한 머리카락 나눔 운동'의 약자다. 어머나 운동본부는 소아암 환자를 대상으로 가발 제공을 위한 머리카락 기부와 헌혈 기부를 받고 있다. 실제로 남녀 성별의 구분 없이 많은 사람들이 아이들을 위해 머리카락을 기부해주고 있고 이러한 도움은 아이들이 질병을 이겨내는 데 힘이 되고 있다.

■어머나 운동본부: http://www.givehair.net/

핑크런 마라톤

유방암에 대한 인식 향상을 위해 핑크리본 캠페인의 일환인 핑크런 마라톤이 매해 진행된다. 이 캠페인은 저소득층 유방암 환우를 돕기 위한 대표적인 행사다. 마라톤을 통해 기부하거나 자원봉사자 모집에 지원해 활동하는 것도 좋은 봉사활동 사례다.

한국백혈병어린이재단

한국백혈병어린이재단에서도 자원봉사 신청을 받고 있고, 백혈병 환

우들을 위한 놀이 봉사, 행사 지원, 사무 보조 등의 봉사활동을 할
수 있다.

■ 한국백혈병어린이재단: https://www.kclf.org/main

🏷 경력 사항(아르바이트)

신입으로 지원하는 경우에는 경력 사항에 딱히 적을 만한 것이 없기
때문에, 제약산업이나 지원 직무와 관련된 아르바이트 경험을 적어
두는 것도 좋은 방법이다. 사람인에서 조사한 기업에서 채용 시 불필
요하다고 생각하는 스펙 톱5 안에 아르바이트 경험도 포함되어 있지
만 직무와 관련된 활동이라면 얘기가 달라진다. 아르바이트도 제약
회사 맞춤형으로 선택해 보자.

◉ 약국·병원 아르바이트(접수, 수납)

'약국 아르바이트는 약사만 가능하다'라고 생각하는 사람들이 많은
데 실제로는 그렇지 않다. 약국에서 조제는 당연히 약사가 해야 하지
만, 처방전을 건강보험공단에 보내는 청구 업무, 전산, 처방전 전달 업
무, 약국 청소 등의 업무는 약사가 아니더라도 할 수 있다. 약국에 가
면 약사 외에 가운을 입지 않은 사람이 있는 이유가 바로 이러한 접
수나 기타 업무를 도와주는 일을 하고 있기 때문이다.

약국에서 아르바이트를 하면 일반약이나 전문약에 대한 이해나 청구 절차를 배울 수 있고 제약회사의 일반의약품이나 건강기능식품 담당 직원들의 방문과 마케팅 활동을 직접 볼 수 있는 좋은 기회가 된다. 따라서 약국 아르바이트를 경험해보는 것은 매우 좋은 경험이자 경력 사항이 될 수 있다.

병원도 간호사만 뽑을 것 같지만 단순 접수 등의 업무를 하는 아르바이트의 경우 일반인을 모집하는 경우가 있다. 병원에서도 제약회사 전문의약품 담당자의 방문과 마케팅, 영업 활동 등을 볼 수 있고, 의사와 간호사들을 통해 보건 산업에 대한 정보를 알 수 있어서 제약회사 취업에 도움받을 수 있는 아르바이트라고 생각한다.

지원자 A와 B의 스펙 비교

구분	지원자 A	지원자 B
학력(학교, 전공)	A대, 심리학과	A대, 심리학과
학점	4.3 / 4.5점	3.8 / 4.5점
공인어학성적	TOEIC 940점	TOEIC 880점
자격증	공인회계사, 한국사 1급, 컴활 1급	컴활 1급, 운전면허증
수상	스타트업 창업 아이디어 공모전 입상	종근당 일반의약품 마케팅 공모전 입상
인턴	삼성전자 하계 인턴(디자인 부서)	대웅제약 하계 인턴
대내외활동	강남구 일자리센터 디자이너 양성 과정 수료, 해비타트 건축 봉사	한국보건복지인력개발원 제약·바이오직무교육 수료, 한국백혈병어린이재단 정기 봉사
경력(아르바이트)	법무사 사무실, 편의점 아르바이트	종로 약국, 한마음 내과 아르바이트

지금까지 제약회사 맞춤형 스펙에 대해서 알아봤다. 이 내용을 잘 숙지했다면 두 지원자의 이력서 중 어떤 지원자가 제약회사에 합격할 스펙의 지원자인지 알 수 있을 것이다.

Q: 합격할 지원자는 누구인가?

최종적으로 제약회사에 합격할 가능성이 더욱 높은 지원자는 B다. 지원자 A와 B의 학력이 동일하다는 전제하에 학점과 공인어학성적 모두 A의 스펙이 우수하다.

지원자 A는 공인회계사 자격증이 있고, 최근에 각광받는 스타트업 창업 아이디어 공모전에서 입상 경험이 있으며 대기업 디자인 부서에서 인턴 경험도 있다. 그리고 대외 활동도 열심히 했고 아르바이트 경험도 있다. 하나하나 뜯어보면 참 열심히 노력해서 스펙을 쌓은 성실한 지원자라는 것을 알 수 있다.

그럼에도 불구하고 왜 B가 합격할 가능성이 높을까? 바로 A의 화려한 스펙에서 제약회사와 관련된 연결고리를 찾을 수 없기 때문이다. 심지어 스펙 안에서 어느 산업군과 직무를 희망하는 것인지 일관성도 보이지 않는다.

반면 B의 스펙을 살펴보자. 학점이나 어학성적은 뛰어나게 높지 않지만, 평균 정도이므로 서류 탈락을 피할 수 있다. 자격증은 특별한 것이 없지만 제약회사의 의약품 마케팅 공모전에서 입상했고 제약회사에서 인턴을 해봤고 보건복지부 산하기관인 인력개발원에서 직무 교육을 수료했다.

그리고 한국백혈병어린이재단에서 정기적으로 봉사를 해왔고 약국과 병원에서 아르바이트도 해봤다. 위의 활동으로 제약회사 직원이나 의사, 간호사와 교류가 있었기 때문에 제약 생태계를 알 것이다. 결론적으로 지원자 B의 모든 스펙이 제약회사라는 하나의 연결고리로 묶인다. 이런 스펙이 '제약회사를 오고 싶어서 꾸준히 준비를 해왔구나'라는 인사 담당자의 공감을 받는다.

그리고 지원자 B에게 남은 것은 이력서의 스펙만이 아니다. 분명 이를 쌓으면서 겪은 경험들은 자연스레 제약산업, 제약회사에 대한 이해로 이어져 면접에서 경험을 위주로 답변할 수 있을 것이다.

앞서 얘기한 것처럼 어떤 기업도 다 통과할만한 만능 스펙은 필요 없다. 제약회사 취업에 도움받을 수 있는 스펙만 갖추고 각각의 스토리가 모두 제약회사로 귀결하는 하나의 스토리를 만들어 보여주자.

B의 스펙을 보고 누가 아무 회사나 지원하는 '묻지마 지원'이라고 의심할 수 있을까? 누구보다도 제약회사에 오고 싶어서 꾸준히 준비한 지원자로 보이기 때문에 누가 보더라도 합격자의 스펙이다.

6장

자소서 쓰기 전
알아야 할
제약산업의 기본

제약산업의 '제'도 모르고 쓰는
자기소개서는 광탈!

제약회사에 입사하기 위해 자기소개서를 쓰는 것은 어렵다. 제약회사의 직무와 기업 분석이 쉽지 않기 때문이다. 제약회사의 채용 공고를 보면 ETC 모집, OTC 모집, 바이오 의약품, 건강기능성식품(건기식)이라는 생소한 용어를 포함하고 있을뿐더러 외부로 오픈된 정보가 적어 취준생들이 제약산업 파악에 어려움을 겪고 있다. 그리고 기업 분석의 경우에는 제품 파이프라인에 대한 이해가 필요한데 의약품의 시장성을 파악한다는 것은 해당 질환, 제품 프로필, 경쟁 상황에 대한 이해 없이는 쉽지 않다.

이런 상황 때문에 제약회사에 지원하는 취준생들의 자기소개서를 검토하다 보면 건강기능성식품 담당자 모집 공고에 의약품 판매를 언급한다거나, 신약을 개발한 적이 없고 R&D 투자도 적은 회사의 지원 동기에 K-바이오를 해외에 알리겠다는 포부를 밝히기도 한다. 이처럼 직무나 회사의 파이프라인도 제대로 이해하지 못한 채 기존에 써 놓았던 자기소개서 하나로 수십 개의 제약회사에 지원하면 그 결과는 어떨까?

결과는 100% 탈락이다. 운이 좋아 서류 합격을 하더라도 본인이 맡게 될 일과 제약산업에 대한 이해 없이는 1차 면접의 문턱을 넘기가 어렵다. 일단, 제약회사 자기소개서를 쓰기 전에 반드시 제약산업에 대한 기초 지식을 이해하자.

제약산업을 이해하고 있는 지원자는 이를 바탕으로 자신이 담당할 직무를 명확히 알고 있기 때문에, 자기소개서를 작성하거나 면접을 볼 때 직무에 필요로 하는 역량을 위주로 본인의 능력을 충분히 어필할 수 있다. 제약산업의 전반적인 상황에 대해 제대로 공부하려면 매우 방대한 양을 공부해야 한다. 하지만 우리의 목표는 제약회사에 입사하는 것이지 제약산업에 대해 모든 것을 알아야 하는 것은 절대 아니다. 이번 장에서 제약회사에 지원하기 위해서 알아야 할 제약산업 3대 기초 지식을 설명하고자 한다. 의약품의 종류와 건강보험 제도, 의약산업 규제를 이해하는 것으로 나눠 알아보자.

의약품을 구분하는
기준을 알아보자

채용 포털 사이트에서 2020년 취업준비생 874명을 대상으로 실시한 설문조사에서 제약·바이오사 중 셀트리온이 가장 가고 싶은 기업 1 위를 차지했고, 삼성바이오로직스가 그 뒤를 이었다. 이 두 회사의 공통점은 무엇일까? 바로 바이오시밀러 의약품을 위주로 성장해 온 회사라는 점이다.

'바이오시밀러가 무엇일까? 바이오 의약품은 무엇일까? CMO는? CDMO는?'

이과 계열이 아닌 지원자는 이러한 내용을 접할 기회가 거의 없지 만 제약회사를 지원하는 사람이라면 이 정도 기초 지식은 알아야 한 다. 의약품은 의사 처방전이 있어야만 구입이 가능한 약인지, 생물체

제약·바이오사 취업 선호도 TOP5

※제약·바이오 취준생 874명 대상, 복수응답 조사

1위 셀트리온	21.1%
2위 삼성바이오로직스	16.4%
3위 GC녹십자	15.7%
4위 광동제약	15.4%
5위 유한양행	10.5%

출처: 잡코리아, 2020

의약품 구분 기준

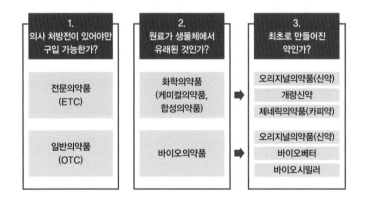

1. 의사 처방전이 있어야만 구입 가능한가?	2. 원료가 생물체에서 유래된 것인가?	3. 최초로 만들어진 약인가?
전문의약품 (ETC)	화학의약품 (케미컬의약품, 합성의약품)	오리지널의약품(신약) 개량신약 제네릭의약품(카피약)
일반의약품 (OTC)	바이오의약품	오리지널의약품(신약) 바이오베터 바이오시밀러

에서 유래된 원료로 만들어진 약인지, 최초로 만들어진 약인지 3가
지 기준에 따라 구분할 수 있다.

전문의약품,
일반의약품이 뭐죠?

의약품은 전문의약품(ETC)과 일반의약품(OTC)으로 나눌 수 있다.

ETC 의약품은 'Ethical The Counter'의 약자로 병원에서 의사의 진료를 받은 후에 처방전을 발급받아야만 약국에서 구매가 가능한 약이다. 효과, 안전성, 복용법, 용량 등에 대해 의사의 전문적인 지식과 관리가 필요한 약들이며, 항암제, 고혈압약제, 당뇨약제 등이 여기에 속한다. 예를 들어 항암제를 마음껏 구매할 수 있다면 환자의 치료가 잘 이뤄질 수 있을까? 용량을 결정하는 것, 약을 중단하는 것에 대해 의사의 전문적인 판단이 있어야만 효과적인 치료가 될 수 있을 것이다. 따라서 의사의 진료를 받고 처방전을 받아야만 구매할 수 있도록 규정해 둔 의약품이 ETC 의약품, 즉 전문의약품이다.

OTC 의약품 'Over The Counter'의 약자로 의사의 처방전 없이 약국에서 바로 구입할 수 있는 약제다. 예를 들어 두통이 있을 때 약국에 가서 두통약을 달라고 하면 처방전 없이도 쉽게 살 수 있고, 이런 약이 모두 일반의약품이다. 즉, 타이레놀이나 부르펜처럼 약국이나 편의점에서 쉽게 구할 수 있었던 약을 떠올리면 이해하기가 쉽다.

제약회사에서 채용 공고에 ETC 마케팅, ETC 영업, OTC 영업 등으로 구분해 내는 이유는 무엇일까? 그 이유는 전문의약품인지 일반의약품인지에 따라 타깃 고객과 판매 채널이 달라지기 때문이다.

ETC 의약품은 앞서 언급한 것처럼 의사의 처방전이 있어야만 약국에서 처방받을 수 있다. 그렇다면 약품의 선택권을 가진 사람은 의사다. 물론 환자가 특정 ETC 의약품을 콕 집어 "A약제를 처방해주세요"라고 요구하는 경우도 드물게 있다. 하지만 대부분의 환자가 의사만큼 치료나 약제에 대한 지식을 갖고 있지 않으므로 선택을 위임한다. 따라서 제약회사에서 ETC 의약품을 판매하는 주요 고객은 약제 선택권을 가진 의사다.

그렇다면 내가 제약회사 ETC 영업 담당자라면 어느 곳을 방문해야 하겠는가? 당연히 의사가 있는 곳인 병원이 영업 현장이다. 그래서 ETC 부문 영업 모집 또는 ETC 부문 마케팅 모집이라고 명시된 채용 공고라면 의사를 대상으로 영업 또는 마케팅 활동을 한다는 것을 알고 자기소개서와 면접을 준비해야 한다. ETC 영업 부서는 마케팅 또는 학술 부서에서 제품과 경쟁품에 관련된 최신 의학 논문을 정기적으로 교육받고, 내용을 숙지해 의사에게 메시지를 전달한다. 그래서 ETC 영업 담당자는 〈뉴잉글랜드 저널 오브 메디슨(NEJM)〉과 같은 저명한 의학 저널에 실린 제품 관련 논문이나 제품의 핵심메시지를 담고 있는 브로슈어를 항상 구비하고 있다.

반면 OTC 의약품의 주요 타깃 고객은 약사다. 약국에 가서 감기약을 사야겠다고 생각했다면 대부분의 사람들이 "감기약 주세요"라고 약사에게 선택권을 넘긴다.

이때 수많은 회사의 OTC 감기약 중에서 자신이 담당한 약을 약사가 선택해 환자에게 전달되도록 하는 것과 약국에서 제일 눈에 잘 띄는 자리에 회사의 제품이 비치되도록 하는 것 또한 OTC 영업 담당자에게 필요한 역량이다.

마케팅 전략과 활동도 ETC냐 OTC냐에 따라 달라진다. ETC 의약품은 규정상 일반인 대상 광고가 불가능하지만 OTC 의약품은 가능하기 때문에 OTC 의약품 담당 마케터라면 여러 채널을 통한 광고 활동도 중요한 업무다. 그리고 약국 내에 일반인의 눈에 잘 띄도록 전시할 양질의 홍보물을 만들어주는 것도 중요하다.

한 편, OTC 의약품의 주요 판매 채널은 약국이다. 만약 내가 지원하려는 회사 제품이 하단 표의 상비의약품에 속한다면 약국뿐만이 아니라 편의점도 판매 채널이 될 수 있다. 2012년 관련 규정을 변경하면서 상비의약품에 해당하는 13개의 일반의약품을 편의점에서 판매하는 것을 허용했다.

상비의약품의 종류

구분	품목명	포장 단위	품목명	포장 단위
해열 진통제	타이레놀정 500mg	8정	타이레놀정 160mg	8정
	어린이용 타이레놀정 80mg	10정	어린이 타이레놀 현탁액	100ml
	어린이 부루펜시럽	80ml	-	-
소화제	베아제정	3정	닥터베아제정	3정
	훼스탈골드정	6정	훼스탈플러스정	6정
감기약	판콜에이내복액	30ml×3병	판피린티정	3정
파스	제일쿨파스	4매	신신파스아렉스	4매
계	13개품목			

출처: 보건복지부

ETC 의약품과 OTC 의약품의 시장 규모(2020년 의약품 생산실적 기준, 2021 제약·바이오 산업 데이터북, 한국제약바이오협회 자료)는 각각 84.9%, 15.1%로 ETC 의약품 시장이 훨씬 크다. 따라서 채용의 기회 또한 전문의약품인 ETC 의약품이 더 많다는 점도 참고하자.

전문의약품 vs. 일반의약품, 어떻게 구분할까?

- 포털 사이트에 약품명을 검색하고 구분 항목에 일반의약품 또는 전문의약품으로 기재된 것을 확인하자.
- 약의 포장 박스에 일반의약품, 전문의약품 표시를 확인하자.

ETC 의약품과 OTC 의약품

구분	ETC 의약품	OTC 의약품
의약품 구입 시 필요한 서류	의사 처방전	불필요
제약산업 내 매출 비중	84.9%	15.1%
제약회사의 고객	의사	약사
영업 담당자의 영업 장소	병원	약국(또는 편의점)
약제	항암제, 고혈압약, 당뇨약 등	감기약, 두통약, 파스 등

화학 의약품과
바이오 의약품의 차이는?

의약품은 어떤 원료를 기반으로 만들어졌는지에 따라 화학 의약품과 바이오 의약품으로 구분할 수 있다.

바이오 의약품이란 무엇일까? 바이오 의약품은 단어 뜻 그대로 생물체를 기반으로 한 것으로 생물 의약품이라고도 불린다. 즉, 생물체에서 유래된 것을 원료로 사용해 제조한 것이다. 이에는 백신, 인슐린, 호르몬 등이 해당한다.

몇 년 전부터 제약·바이오주가 국내 주식시장에서 굉장한 주목을 받고 있다. 지금도 셀트리온, 삼성바이오로직스, SK바이오사이언스 등의 여러 회사가 국내 제약·바이오주 시가총액 상위를 차지하고 있는데 이 회사들의 주요 제품군이 바로 바이오 의약품이다.

최초의 바이오 의약품은 백신에서부터 시작했다. 바이오 의약품을 쉽게 이해하기 위해 제너의 우두법을 떠올려 보자. 천연두로 사람들이 죽어나가던 시대에 영국의 의사 에드워드 제너는 소가 사람에게 우두를 전염시키면 손이나 목에 붉은 상처가 생길 뿐 곧 나아서 다시는 천연두에 걸리지 않는다는 사실을 발견했다. 그래서 1796년에 우두에 걸린 여자의 손에서 우두균을 채취해 이를 정원사의 아들에게 접종했다. 그로부터 6주 후, 소년에게 천연두농을 접종해봤고 다시 천연두에 걸리지 않는 것을 확인했다. 1880년대에 들어와 위의 발견에 따라 프랑스의 루이 파스퇴르가 이를 현대적인 백신으로 탄생시켰다. 이처럼 사람 또는 동물의 생물체에서 유래된 원료를 바탕으로 제조한 것이 바로 바이오 의약품이다.

반면 화학 의약품은 화학 물질의 합성을 통해 개발, 생산된 의약품이다. 우리가 잘 알고 있는 타이레놀, 아스피린과 같은 약제들이 모두이에 속한다. 의약품 시장은 오랜 기간 화학 의약품이 주도해왔으며현재도 70% 이상의 비중을 차지하고 있다.

그렇다면 바이오 의약품과 화학 의약품의 차이는 무엇일까? 화학의약품은 분자구조가 단순하고 저분자량이기 때문에 화학 구조만안다면 동일한 제품을 만드는 것이 쉬운 편이다. 반면 바이오 의약품의 경우 화학 의약품에 비해 분자의 크기가 크고 복잡한 구조를 갖고 있을 뿐만 아니라 살아있는 유기체를 통해 제조하기 때문에 주변환경 변화에 민감해서 생산이 쉽지 않고 고도의 기술력이 필요하다.

바이오 의약품은 단백질이나 유전자 등 생체 내의 물질을 활용하기 때문에 기존에 치료가 어려웠던 희귀성 질환이나 난치성 질환에 효과가 뛰어나다. 화학 물질이 아닌 생체 내의 물질을 활용하기 때문에 부작용도 적은 편이다. 그리고 제약회사 입장에서 바이오 의약품은 약가가 고가로 형성되고 높은 수준의 생산 기술이 필요하다는 점 때문에 경쟁자가 들어오기 쉽지 않아 굉장히 매력적이다.

화학 의약품과 바이오 의약품의 비교

구분	화학 의약품	바이오 의약품
분자 타입	저분자량	고분자량
화학 구조	단순	복잡(정해져 있지 않음)
생산 비용과 기술	낮음	높음
약품 종류	두통약, 고혈압약 등	희귀약, 난치약이 다수 단백질의약품, 유전자의약품 등

그렇다면 앞으로 화학 의약품과 바이오 의약품 중 어느 분야가 더 유망할까? 영국 시장분석기관 이밸류에이트파마(Evaluate Pharma) 자료에 따르면 2019년 글로벌 제약시장 내 바이오 의약품의 비중은 29%였지만 2026년까지 35%로 지속적인 성장을 할 것으로 전망한다. 화학 의약품이 전통적인 강자라면 새롭게 떠오르는 성장 동력은 바이오 의약품인 것이다. 그리고 현재 바이오 의약품 시장에서 우리나라 기업들이 두각을 나타내고 있다. 삼성바이오로직스의 경우 세계 최대 위탁 개발 생산 기업(CDMO)으로 10년 만에 급성장했으며

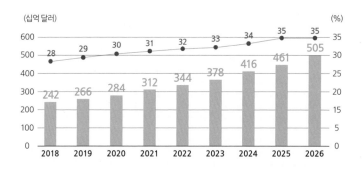

바이오 의약품 시장 규모 전망

(십억 달러)
(%)

출처: 한국바이오의약품협회, 2020

현재도 성장하고 있다. 삼성바이오로직스가 성장한 이유는 모더나 코로나 백신을 이곳에서 생산하고, 다른 회사 제품의 위탁 생산도 가능하고, 위탁 개발 또한 가능한 역량을 갖고 있기 때문이다.

최근에는 전통적인 국내 제약회사들도 생산 대행 기업(CMO)산업에 많은 관심을 보인다. CMO는 개발이 아닌 위탁 생산만 담당한다. 이처럼 국내 제약회사들도 바이오 의약품의 생산과 개발에 투자를 하는 곳이 늘어나고 있고, 수많은 바이오 벤처들도 연구에 몰두하고 있기 때문에 앞으로 바이오 의약품 시장이 커질 것으로 예상된다(부록 2).

약에도 오리지널과
카피가 있다구요?

의약품에도 최초 또는 원조라는 타이틀이 중요하다. 음식과 가방 등에도 오리지널과 카피 제품이 있듯이 의약품도 오리지널 의약품과 카피 의약품으로 나눌 수 있다.

2021년 코로나 백신 접종이 급격히 늘어나면서 타이레놀 품귀 현상이 있었다. 당시 타이레놀 품절 대란으로 약사가 같은 제품이라며 다른 상품명(라페론, 세토펜, 타세놀 등 70여 개 제품)의 약을 주면, 타이레놀이 아니라며 발길을 돌리는 사람들이 많았다. 그렇다면 약사가 틀린 말을 한 것일까? 아니다. 약사의 말은 전혀 틀리지 않았다. 단지 타이레놀이 없기 때문에 같은 성분을 갖고 있고 정부가 동등한 효과라고 인정한 카피 약을 권했을 뿐이다. 위와 같은 상황이 반복되자 대한약사회는 타이레놀 말고도 아세트아미노펜 성분을 가진 약제가 70여 개라는 홍보물을 배포하기 시작했다. 이처럼 약에도 오리지널 약과 카피 약이 존재한다.

오리지널 약제는 제약사가 개발해서 출시한 최초의 신약이다. 신약을 환자가 이용할 수 있을 때까지 소요되는 기간은 약 10~15년, 비용은 100억~1.5조 이상이라고 한다(의약품안전나라, 식약처). 그뿐만 아니라 연구 과정에서 실패해 세상에 나와 보지도 못한 약제도 수없이 많다.

만 개의 후보 연구 물질로 시작해도 한 개의 약이 허가를 받을 수 있을지 없을지 모르는 것이 신약 개발이다. 막대한 시간과 자금을 투자해도 약제의 임상 시험이 실패하면 그동안의 투자가 물거품이 되어 버린다. 이러한 어려운 과정 끝에 개발된 신약의 경우 일정기간 동안 카피 의약품을 출시하지 못하도록 특허권을 보호해준다. 그렇다면 이 특허권 보호기간이 끝나면 어떻게 될까? 특허권 만료와 함께 수많은 카피 약이 시장에 나온다.

화학 의약품의 경우 카피 약을 제네릭 의약품이라고 칭하고, 바이오 의약품의 경우 바이오시밀러(Biosimilar)라고 부른다. 오리지널 약에 비해 카피 약의 허가는 상대적으로 간단하다. 생물학적 동등성 시험(Bioequivalence study)을 통과하면 동일한 효과를 가졌다고 정부에서 인정해주며, 오리지널 약제 대비 낮은 약가로 출시된다. 그리고 효능, 안전성, 복약순응도, 편리성 등을 개량해 오리지널 의약품을 개선한 의약품도 있다. 이러한 의약품을 화학 의약품의 경우 개량신약, 바이오 의약품의 경우 바이오베터(Biobetter)라고 부른다.

개량신약의 사례로 2021년 출시한 한미약품의 아모잘탄엑스큐가 있다. 한미약품은 세계 최초로 고혈압과 이상지질혈증 치료 성분 네 가지를 한 알에 담아낸 4제복합 개량신약 아모잘탄엑스큐를 출시했다. 원래는 질환에 따라 여러 알을 복용해야 하는데 네 개의 성분을 하나의 알약으로 만든 복합제로서 개량신약의 대표적인 케이스로 볼 수 있다.

그리고 바이오베터의 경우 셀트리온의 램시마SC를 예로 들 수 있다. 램시마SC는 존슨앤존슨의 오리지널 의약품 레미케이드의 바이오베터다. 레미케이드와 바이오시밀러는 모두 정맥주사였다. 즉 병원에 가서 링거를 통해 맞아야 하는 불편함이 있었다. 하지만 램시마SC는 환자가 집에서 스스로 주사를 놓을 수 있도록 개선했다. 이처럼 신약을 뛰어넘는 카피 약들도 존재한다는 점을 알아두자.

화학 의약품과 바이오 의약품의 명칭

구분	화학 의약품	바이오 의약품
오리지널 의약품	신약	신약
카피 의약품	제네릭	바이오시밀러
개량된 의약품	개량신약	바이오베터

Q: 생물학적 동등성 시험(생동성 시험)이 뭔가요?

제네릭 의약품을 판매할 예정인 제약회사는 오리지널 의약품과 제네릭 의약품의 동등성을 입증하는 자료를 식품의약품안전처에 제출해야만 허가를 받을 수 있다. 그렇다면 제약회사는 어떻게 오리지널 의약품과 같은 효과와 안전성을 갖고 있다는 것을 증명할 수 있을까?

바로 생동성 시험으로 이를 입증한다. 생동성 시험을 통해 두 약물의 동등성을 인정해주는 기준은 바로 생체이용률(Bioavailability)이다. 투여한 약을 체내에 흡수하는 속도와 양이 기준이라고 생각하면 좀 더 이해가 쉽다. 이 혈류 내 약제의 흡수량과 속도가 오리지널 약제와 비교해서 80~125% 범주 내에 있으면 오리지널 의약품과 제네릭 의약품의 효과가 같다고 식약처가 인정해준다. 그래서 포털 사이트에 제네릭 생동성 시험 아르바이트 후기를 검색해보면 병원에서 숙박하면서 피를 일정 시간마다 계속 뽑았다는 후기를 쉽게 볼 수 있다. 혈액 채취를 통해 제네릭 약제의 생체이용률을 정해진 시간마다 확인하면서 오리지널 약제와의 차이를 비교해야 하기 때문이다.

2021년 2월 식약처는 생물학적 동등성 판단 지표 범위를 90~111.11%로 더욱 강화하는 규정을 발표했고, 앞으로 허가 규정은 현행보다 더욱 강화될 것이다.

국민건강보험제도를
아는 것은 기본

이제부터 건강보험제도를 바탕으로 제약산업의 기초를 알아보겠다. 제약회사 취업을 꿈꾼다면 기본적으로 우리나라 국민건강보험제도가 어떤 이해관계자들로 이뤄져 있으며 제약회사와 그 이해관계자들이 어떻게 협업하는지도 알아야 한다. 모든 드라마는 등장인물이 존재하고, 각 등장인물 간의 관계도가 있는 것처럼 우리나라 건강보험제도에도 5대 등장인물이 있다. 바로 국민건강보험공단, 보건복지부, 건강보험심사평가원, 요양기관(병원), 보험가입자(환자)다. 이 5대 등장인물이 어떤 관계를 가졌는지 알아보자.

보험가입자인 대한민국 국민은 매달 건강보험료를 국민건강보험공단에 낸다. 그리고 아플 때 요양기관인 병원으로 가서 진료받고 비용

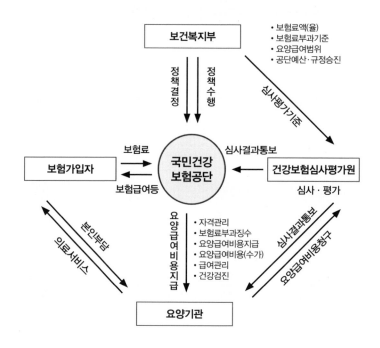

국민건강보험 관리운영 체계

보건복지부

- 보험료액(율)
- 보험료부과기준
- 요양급여범위
- 공단예산·규정승진

정책결정　정책수행

심사평가기준

보험가입자　보험료　국민건강보험공단　심사결과통보　건강보험심사평가원

보험급여등　심사·평가

본인부담　의료서비스

요양급여비용지급
- 자격관리
- 보험료부과징수
- 요양급여비용지급
- 요양급여비용(수가)
- 급여관리
- 건강검진

심사결과통보　요양급여비용청구

요양기관

출처: 보건복지부, 2021

을 지불하고 나온다. 보험가입자가 병원에 진료비를 냈지만, 환자에게 받은 금액은 전체 치료비의 일부밖에 되지 않는다. 나머지 치료비는 보험가입자가 지불한 건강보험료로 국민건강보험공단에서 주기 때문에 요양기관은 이 돈을 지급해달라고 국민건강보험공단에 신청을 해야 한다. 이 신청은 건강보험심사평가원(심평원)이 받기 때문에 요양기관은 심평원에 비용을 청구한다. 심평원에서는 요양기관이 규

정에 맞게 치료를 하고 약제를 사용했는지 심사하고, 통과하면 국민건강보험공단에 심사결과를 통보해 청구한 비용을 요양기관에 지급하도록 한다. 하지만 규정에 맞지 않는 처방을 한 경우에 청구한 비용을 삭감해서 지급한다. 이런 경우 병원에서는 받지 못한 비용을 직접 부담해야 한다.

위의 이야기에서 5대 등장인물 중 빠져 있는 기관이 있는데, 바로 보건복지부다. 보건복지부는 보건 산업 전체에 영향을 끼칠 수 있는 영향력이 가장 큰 인물로, 정책을 수립하고 각 정책의 세부과제를 수행하는 역할을 한다. 건강보험심사평가원과 국민건강보험공단은 이러한 보건복지부의 기조에 따라 움직인다.

2020년 문재인 정부의 보건복지부 업무를 살펴보면 건강보험 보장성 강화 정책으로 자궁난소초음파에 건강보험을 적용했다. 그리고 2021년에는 흉부(유방)초음파, 심장초음파, 척추MRI건강보험 적용 등을 추진했다.

정부기관인 보건복지부의 정책에 부합하는 치료제가 있다면 접근성이 좋아질 것이다. 실제로 박근혜 정부에서 4대 중증질환(암·심혈관질환·뇌혈관질환·희귀난치질환) 보장성 강화가 주요 목표였는데 당시 항암제 등 중증질환에 해당하는 약제의 급여화가 신속히 이뤄졌다.

제약회사는 5대 등장인물의 행동에 영향을 크게 받는다. 과거 보건복지부는 의약품 리베이트 근절을 위해 전담 수사반을 만들고 불법 리베이트가 있을 거라고 의심되는 제약회사들을 수시로 압수 수

색했다. 나 또한 제약회사를 오랜 기간 다니면서 몇 번의 압수 수색 과정을 회사에서 지켜봤다. 하지만 10년이 지난 지금 보건복지부의 시선은 180도 바뀌었다. 미래 성장 산업으로 제약·바이오 산업을 선정했고, 글로벌 경쟁력을 강화하기 위해 신약 연구 개발을 비롯한 전문 인력양성과 해외 진출지원 등 자본을 투자해 육성을 돕고 있다. 앞으로 제약회사는 보건복지부(정부)의 산업 육성 의지와 예산투자를 바탕으로 성장해 나갈 것이다.

국민건강보험료,
꼭 내야 할까?

직장인이 되면 국민건강보험료를 내야 하고 내 월급에서 건강보험료와 기타 세금을 제외한 세후 금액이 통장으로 입금된다. 대부분 느끼겠지만 이렇게 나가는 금액이 적지 않다. 그래서 '건강보험료를 안 낼수는 없을까?'라고 생각하는 사람이 있을 수도 있겠지만, 결론부터 얘기하자면 대한민국 국민이라면 국민건강보험 가입을 피하는 것은 어렵다.

우리나라는 사회보험제도를 운영하는 국가고 국민건강보험의 가입은 국민의 의무이기 때문이다. 사회보험제도는 국민이 미래에 직면할 수 있는 사회적·경제적 위험에 대해 국가가 보험 방식을 취해 미리 대비하는 것으로, 강제 가입해야 하며 소득과 같은 부담 능력에

■ 국민건강보험 요양급여의 기준에 관한 규칙 [별지 제6호서식] <개정 2014.9.1.>

[ ]외래 [V]입원 ([ ]퇴원[ ]중간) 진료비 계산서·영수증

환자등록번호	환자 성명	진료기간		야간(공휴일)진료
		. . .부터 . . .까지		[ ] 야간 [ ] 공휴일
진료과목	질병군(DRG)번호	병실	환자구분	영수증번호(연월·일련번호)

항목		급여			비급여		금액산정내용	
		일부 본인부담		전액 본인부담	선택진료료	선택진료료 이외	⑦ 진료비 총액 (①+②+③+④+⑤)	5,960,000
		본인부담금	공단부담금					
기본항목	진찰료	100,000	200,000				⑧ 환자부담 총액 (①-⑥)+③+④+⑤	2,000,000
	입원료	500,000	2,000,000		200,000			
	식대	300,000	300,000				⑨ 이미 납부한 금액	
	투약 및 조제료 행위료							
	약품비						⑨ 납부할 금액 (⑧-⑨)	2,000,000
	주사료 행위료	20,000	80,000					
	약품비	100,000	400,000	10,000			카드	2,000,000
	마취료						⑩ 납부한 금액 현금영수증	
	처치 및 수술료						현금	
	검사료	50,000	200,000				합계	2,000,000
	영상진단료	50,000	200,000				납부하지 않은 금액 (⑨-⑩)	
	방사선치료료						현금영수증( )	
	치료재료대	50,000	200,000				신분확인번호	
	재활 및 물리치료료	20,000	80,000				현금승인번호	
	정신요법료						• 요양기관 임의활용공간	
	전혈 및 혈액성분제제료							
선택항목	CT 진단료	100,000	300,000					
	MRI 진단료					400,000		
	PET 진단료							
	초음파진단료					100,000		
	보철·교정료							
	시행규칙[별표2제6호]의 요양급여							
	65세 이상 등 정액							
	정액수가(요양병원)							
	포괄수가진료비							
	합계	①1,290,000	②3,960,000	③10,000	④200,000	⑤500,000		
	상한액 초과금	⑥				-	선택진료 신청 [ ] 유 [ ] 무	
	요양기관 종류	[ ] 의원급·보건기관		[ ] 병원급	[ ] 종합병원	[ ] 상급종합병원		
	사업자등록번호			상호			전화번호	
	사업장 소재지					대표자		[인]
		년		월		일		

210㎜×297㎜[백상지 70g/㎡]

따라 차등으로 보험료가 부과되고 동일한 보장 혜택이라는 특징을 갖고 있다.

쉽게 설명하자면 우리나라 국민이라면 누구나 가입해야 하고, 연봉이 올라갈수록 내야 하는 보험료도 올라가며 내가 돈을 더 많이 냈다고 해서 남들보다 더 많은 보험 혜택을 받지 않는다.

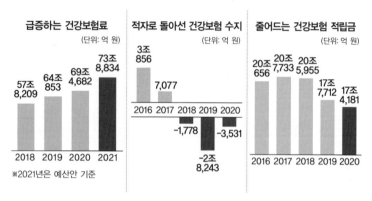

건강보험 추이 그래프

급증하는 건강보험료
(단위: 억 원)

적자로 돌아선 건강보험 수지
(단위: 억 원)

줄어드는 건강보험 적립금
(단위: 억 원)

출처: 한국경제(www.hankyung.com), 2021년 8월 12일자 기사

그런데 곰곰이 생각해보면 건강보험료를 매달 내고 있음에도 불구하고 의료기관 이용 후에 내 통장으로 치료비를 환급받은 기억이 없을 것이다. 그 이유는 병원에서 이미 건강보험 혜택을 적용한 이후의 본인부담금만 결제하도록 설계돼 있기 때문이다. 병원 진료 후 받은 진료비 세부 영수증 내역을 살펴보면 더욱 쉽게 이해할 수 있다.

예를 들어 전체 진료비 총액이 596만 원, 환자부담총액이 200만 원이라면 내가 납부할 금액은 200만 원이다. 즉 건강보험공단에서 보조하는 금액은 396만 원이다. 병원은 200만 원을 환자에게 받고 나머지 396만 원은 심평원에 청구해 심사를 거친 후 규정에 부합한다는 승인이 떨어지면 건강보험공단으로부터 396만 원을 지급받는다. 이처럼 잘 느껴지지 않지만 우리는 건강보험의 혜택을 모두 받고 있다.

국민건강보험재정은 제약산업과 제약회사에도 영향을 끼친다. 건강보험재정의 악화는 제약회사 입장에서 새롭게 보험급여적용을 신청한 약제의 급여화를 더욱 어렵게 하거나 기존 약값의 인하를 가속화하는 요인이 될 수 있다.

현재 건강보험재정은 2011년 이후 계속 흑자를 기록하다가 2018년부터 적자로 돌아선 상태다. 건강보험료는 2018년 2.04%, 2019년 3.49%, 2020년 3.2%, 2021년 2.89% 등 지속적으로 인상 중이지만 재정의 소비증가폭을 따라잡지 못하고 있다. 현재 정부는 건강보험의 재정을 효율적으로 사용하기 위해 다양한 방법을 시도하고 있다.

치료비를 적게 내는
합법적인 방법이 있다

우리나라에는 합법적으로 치료비를 적게 내는 방법이 있다. 바로 3차 의료기관, 즉 상급종합병원이 아닌 1차 의료기관인 동네병원을 이용하는 것이다. 1차 의료기관을 이용한다면 전체 치료비의 30%만 환자가 부담하면 되지만 상급종합병원에 갔다면 같은 치료라도 60%나 부담해야 한다.

예를 들어 어지럼증으로 인해 병원을 갔는데 진료비가 10만 원이 나왔다고 가정해보자. 1차 의료기관인 동네병원에 방문했다면 내가 부담해야 할 금액은 30%인 3만 원이지만, 상급종합병원에 갔다면 60%인 6만 원을 부담해야 한다. 이 제도를 이해하기 위해서 먼저 1차, 2차, 3차 의료기관을 구분하는 기준을 알아보자.

병원은 병상 수와 진료과목 수에 따라 1차 의료기관, 2차 의료기관, 3차 의료기관으로 나뉜다. 1차 의료기관은 입원 가능한 병상이 하나도 없거나 30개 미만으로 동네에서 쉽게 볼 수 있고 외래 진료를 위주로 하는 병원이다. 1차 의료기관은 환자 본인부담률이 30%이기 때문에 2, 3차 의료기관과 비교했을 때 저렴한 비용으로 이용할 수 있다. 제약회사에서 주로 로컬 병원이나 개인병원, 클리닉 병원이라고 부른다.

2차 의료기관은 병원과 종합병원으로 총 두 가지 종류가 있다. 병원은 병상 30개 이상으로, 규모가 동네병원보다 크고 종합병원보다 작은 병원이다. 제약회사는 '세미' 병원이라고 부르며 이곳의 환자 본인부담률은 40%다. 또 다른 2차 의료기관인 종합병원은 병상이 100개 이상이어야 하며 300개 병상을 넘어가는 경우에는 진료과목이 9개 이상이어야 한다. 같은 종합병원의 환자 본인부담률은 50%로 세미 병원에 비해 높다.

3차 의료기관은 상급종합병원이라고 부르는데 병상 500개 이상, 진료과목 20개 이상의 큰 병원이다. 우리가 익히 알고 있는 서울대학교병원, 삼성서울병원 등이 여기에 해당한다. 3차 의료기관인 상급종합병원에서 진료받기 위해서는 1, 2차 의료기관에서 진료의뢰서를 발급받아 제출해야만 건강보험의 혜택을 받을 수 있다. 진료의뢰서가 있다면 환자 본인부담률은 60%고, 없다면 100% 모두 환자가 부담해야 한다.

그리고 2020년 10월 16일부터 정부는 의료전달체계 규정을 더욱 강화했다. 만약 100대 경증질환으로 상급종합병원을 방문할 경우, 진료의뢰서가 있더라도 진료비 100%를 환자가 전부 부담하도록 변경했다.

치료비뿐만이 아니라 약제비까지도 100대 경증질환에 해당하는 경우 약제비 본인부담 차등제를 적용해서 1차 의료기관은 30%, 2차는 40%, 3차는 50%의 약값을 본인이 지불해야 한다. 약값 또한 어디에서 처방받느냐에 따라 내야 하는 금액이 달라지기에 신중하게 선택해야 한다.

1차, 2차, 3차 의료기관의 특징

구분	1차 의료기관	2차 의료기관		3차 의료기관
종류	의원, 보건소	병원, 치과병원, 한방병원, 요양병원, 정신병원	종합병원	상급종합병원
병상 수	30개 미만	30개 이상	100개 이상	500개 이상
주요 업무	외래진료	외래진료+입원진료		외래진료+입원진료
필수 진료과목	없음	300병상 이하는 진료과목 7개 이상, 300병상 초과 시 진료과목 9개 이상 필수 보유		필수 진료과목을 포함 20개 이상의 진료과목+각 진료과목마다 전문의 한 명 이상 필수 보유
방문 시 필요 서류	없음	없음		진료의뢰서 필요(진료의뢰서 없을 경우 건강보험 적용 안됨)
환자부담률 (외래)	30%	40%	50%	60%(진료의뢰서가 없는 경우와 100대 경증질환에 해당하는 경우 100% 부담)

그럼 정부는 왜 환자 본인부담률에 이런 차이를 둔 것일까? 경증질환의 환자가 3차 의료기관으로 가면 생명이 위험한 중증환자들이 진료를 제때 받기가 어려울 수 있기 때문이다. 실제로 상급종합병원의 경우 진료를 보기 위해 몇 달에서 1년 넘게 대기해야 하는 곳도 있다. 그래서 100대 경증질환의 경우 1차 또는 2차 의료기관에서 진료받도록 정부가 유도하는 정책을 펼치고 있다. 가벼운 질환이라면 1차 의료기관에 가는 것이 환자 본인부담 치료비와 약제비를 모두 줄이는 합리적인 방법이다.

이러한 의료전달체계가 제약회사 취업과 어떤 관계가 있을까?

예를 들어 경증질환에 주로 쓰이는 약제의 담당 영업 MR 채용 공고가 떴다고 가정해 보자. 종합병원 영업과 클리닉 영업에 대한 선택권이 있다면 나는 클리닉 영업을 지원할 것이다. 왜냐하면 경증질환으로 3차 종합병원에 가는 환자는 별로 없기 때문에 매출이 크고 예산이 많이 주어질 곳은 클리닉 영업 부서이기 때문이다.

만약 지원하는 부서가 영업 관리 기획이라면 각 영업 팀의 실적을 분석하고 인센티브 제도를 평가하는 일을 해야 한다. 그런데 이러한 산업의 기초 지식도 모른다면 영업 담당자의 실적을 평가할 수 있을까? 예를 들어 100대 경증질환이 우리 회사 제품에 해당하는 질환으로 확대되어 120개 질환이 되었다고 가정해 보자. 이러한 경우 SFE 팀에서는 상급종합병원의 실적 목표나 인센티브 제도를 변경해야 할 수도 있다. 그러므로 건강보험제도는 마케팅, 홍보, 인사 팀을

상급종합병원 리스트(2020~2023년 제4기 상급종합병원명단)

서울권(14개)	강북삼성병원, 건국대학교병원, 경희대학교병원, 고려대학교의과대학부속구로병원, 삼성서울병원, 서울대학교병원, 연세대학교의과대학강남세브란스병원, 이화여자대학교의과대학부속목동병원, 재단법인아산사회복지재단서울아산병원, 중앙대학교병원, 학교법인고려중앙학원고려대학교의과대학부속병원(안암병원), 학교법인가톨릭학원가톨릭대학교서울성모병원, 학교법인연세대학교의과대학세브란스병원, 한양대학교병원
경기 서북부권(4개)	가톨릭대학교인천성모병원, 순천향대학교부속부천병원, 의료법인길의료재단길병원, 인하대학교의과대학부속병원
경기 남부권(4개)	고려대학교의과대학부속안산병원, 분당서울대학교병원, 아주대학교병원, 한림대학교성심병원
강원권(2개)	강릉아산병원, 연세대학교원주세브란스기독병원
충북권(1개)	충북대학교병원
충남권(3개)	단국대학교의과대학부속병원, 순천향대학교부속천안병원, 충남대학교병원
전북권(2개)	원광대학교병원, 전북대학교병원
전남권(3개)	전남대학교병원, 조선대학교병원, 화순전남대학교병원
경북권(5개)	경북대학교병원, 계명대학교동산병원, 대구가톨릭대학교병원, 영남대학교병원, 칠곡경북대학교병원
경남동부권(5개)	동아대학교병원, 부산대학교병원, 양산부산대학교병원, 인제대학교부산백병원, 학교법인울산공업학원울산대학교병원
경남서부권(2개)	경상대학교병원, 학교법인성균관대학삼성창원병원

출처: 보건복지부

부르는 게 값인 약이 있다

우리가 받는 치료에 대해 건강보험 재정에서 조건 없이 모든 치료비를 보조해준다면 어떻게 될까? 아마 우리의 건강보험 재정은 이미 다 고갈됐을 것이다. 우리나라는 안정적인 건강보험 재정 운영을 위해 약제를 심사하고 선정한 후 보조한다. 그래서 보험 적용을 해주지 않는 비급여 약제는 환자가 100% 부담해야 한다.

쉬운 예를 들어보자면 탈모, 비만, 성기능 장애 치료제는 보험 적용이 되지 않아 100% 본인이 약값을 부담해야 한다. 이러한 약은 당장 생명에 지장을 주는 것이 아니라 자신감과 삶의 질을 높여주는 이른바 해피드러그(Happy drug)에 해당하기 때문에, 한정된 건강보험 재정과 급여의 우선순위를 고려해 건강보험이 적용되지 않는 비보험 약제다. 비보험 약제는 건강보험재정의 보조를 하나도 받지 않기 때문에 공급가와 판매가를 제약회사와 약국이 정할 수 있다. 그래서 포털사이트에 찾아보면 '○○탈모약, ○○다이어트약 저렴한 약국 찾습니다'라는 글들을 볼 수 있다. 이런 약들이 그야말로 부르는 게 값인 약이다.

하지만 건강보험재정에서 보조받는 약제는 이와 전혀 다르다. 급여가 적용되는 약의 비용은 병원, 약국 등에서 정하는 것이 아닌 모두 정부의 규정에 따라 결정된다. 보험 적용을 받기 위해서는 제약회사에서 건강보험심사평가원에 신청을 하고, 건강보험심사평가원이 심사를 통해 보험 적용 범위나 여부를 결정하고, 건강보험공단과의 약가 협상을 거쳐 최종적으로 보건복지부가 고지한 후 시행된다.

건강보험심사평가원에서 약제의 보험 적용 여부를 결정할 때 참고하는 자료가 약물 경제성 평가 결과이며, 비용 대비 효과의 임계값을 통과하지 못하면 보험 적용이 되지 않는다. 쉽게 설명하자면 가성비가 좋은 약제가 급여가 될 가능성이 높다. 따라서 효과가 매우 좋더라도 비용이 고가인 약제는 비용 효과성을 입증하지 못해 비보험으로 남게 된다.

비보험 약제의 경우 부르는 게 값이기 때문에 제약회사에서 급여화하기보다 비급여를 유지하는 것을 선호할 것 같지만 그렇지 않다. 비보험 약제는 본인부담금이 100%이기 때문에 환자들에게 경제적인 부담이 있을 수밖에 없어 의사의 처방이나 환자의 선택에 한계가 있다. 특히 경쟁품 중에 보험 급여가 되는 약제가 있다면 보험 적용을 받지 못한 약제는 선택받기가 어렵다. 따라서 보험 적용을 받는 약제로 바뀌는 경우 급격하게 매출이 늘어나는 트렌드를 보인다. 그래서 대부분의 제약회사에서 급여화를 위해 노력하고 있으며, 약가급여 부서에서 이러한 업무를 담당하고 있다. 최근에는 초고가 약제의 급여 적용 여부를 둘러싸고 사회적인 이슈가 되는 경우가 늘어나고 있어서 건강보험재정의 효율적 운영에 대한 관심이 대두되고 있다.

제약산업은 규제에서
벗어날 수 있을까?

마지막으로 제약산업 규제와 규정을 바탕으로 제약산업의 기초를 알아보자.

제약회사는 정부가 적극적으로 시장에 개입하는 규정과 규제로 가득하다. 어떻게 보면 정부가 왜 이것저것 간섭할까 싶지만 찾아보면 의약품이 여러 사건 사고들을 거쳐 왔기 때문이라는 것을 알 수 있다. 그래서 왜 이러한 특성을 가지게 됐는지 그 이유와 정부 규제가 제대로 이뤄지지 않았던 과거의 사건을 알아보자.

대표적인 사례가 탈리도마이드 사건이다. 탈리도마이드는 1957년 서독에서 개발된 수면제이자 임산부 입덧방지제다. 동물실험결과 중에 큰 부작용이 없어 유럽에서 이 약을 허가했고, 총 50여 개 국가에서 판매를 허용했다. 심지어 탈리도마이드는 당시 약국에서 누구나 쉽게 구매할 수 있었다. 그런데 이 약을 복용한 임산부의 아이들이 사지가 없이 태어나는 부작용이 보고되기 시작했고, 5년 뒤 판매 중단이 되기까지 전 세계적으로 약 1만 명 정도의 기형아가 태어나는 비극적인 사건이 있었다.

이렇게 전 세계적으로 탈리도마이드로 인한 부작용이 문제였음에도 불구하고 미국에서는 단 17건의 피해밖에 나오지 않았다. 그 이유는 무엇이었을까? 바로 미국 식품의약품안전처(FDA)에서 허가를 내주지 않았기 때문이다. 이미 여러 국가에 쓰이고 있었지만, 미국 FDA의 심사관 프랜시스 올덤 켈시 박사는 태아에게 미치는 영향에 대한 검토 불충분과 실험자료 미비 등을 이유로 여섯 번에 달하는 승인 신청을 계속 거절했다. 그러는 동안 다른 국가에서 기형아 출산의 부작용 사례가 지속적으로 보고됐고, 결국 미국에서 허가는 끝내 이뤄지지 않았다. 이러한 사건을 계기로 체계적 허가제도의 확립이 시작됐고, 주변의 압박에도 본인의 소신을 지키며 반려해왔던 프랜시스 켈시 박사는 존 케네디 대통령으로부터 시민 훈장을 받았다.

우리나라 식품의약품안전처(식약처)도 글로벌 기준에 달하는 체계적 허가제도를 갖추고 있다. 식약처는 미국의 FDA처럼 임상 시험의 승인과 의약품의 허가, 시판 후 약물 감시, 부작용 모니터링 등의 다양한 업무를 담당하고 있다. 그리고 GLP(실험이 고도의 윤리적·과학적 기준에 따라 수행되도록 정한 규정), GCP(인체를 대상으로 하는 시험의 안전성과 유효성 검증 절차를 규정하는 기준), GMP(원료의 입고에서부터 출고에 이르기까지 품질관리의 전반에 지켜야 할 규범) 규정을 지킬 것을 제약회사에 요구하며, 제대로 지켜지고 있는지 지속적으로 모니터링한다. 뿐만 아니라 출시된 이후의 부작용을 제약회사에서 모두 기록하고 보고 받도록 하는 사후관리 규정도 갖추고 있다. 이처럼 제약산업은 비임상실험부터 생산에 이르기까지 까다로운 규정으로 가득하다. 제약회사에서 판매하는 제품은 사람의 생명과 직결될 수 있기 때문에 이러한 규정들은 필수불가결하다는 것을 알아두자.

의약품 광고는 불법이다?

변비약, 두통약, 소화제, 각종 백신 광고가 TV와 유튜브 등 각종 매체들에 끝도 없이 나오는 것을 본 적이 있을 것이다. 그런데 의약품 광고가 불법이라는 말이 사실일까?

실제로 이 말의 반은 맞고 반은 틀리다. 일반의약품과 전문의약품 중 감염 예방용 의약품에 해당하는 경우 일반인 대상 광고를 허용한다. 반면 전문의약품 중 감염 예방용 의약품에 해당하지 않는 경우에는 일반인들에게 보여지는 TV, 라디오, 인터넷 광고 등을 해서는 안된다.

그렇다면 일반인 대상으로 광고가 가능한 의약품을 "우리 약이 최고로 효과가 좋습니다"라며 광고할 수 있을까? 결론은 불가능하다.

일반의약품과 전문의약품의 광고 여부

구분	일반의약품(OTC)	전문의약품(ETC)	
		감염 예방용	기타
일반인 대상 광고	가능	가능	불가능
의학/약학 전문가 대상 광고	가능	가능	가능
예시	두통, 변비약 등	자궁경부암 백신, 대상포진 백신, 폐렴구균 백신 등	항암제, 당뇨약제, 고혈압약제 등

출처: 국가법령정보시스템 의약품 등의 안전에 관한 규칙

의약품이 아닌 일반재라면 소비자가 더 좋게 볼 수 있도록 어느 정도 포장하는 브랜딩 작업이 가능하지만, 의약품은 그럴 수 없다. 그렇게 하면 일반인이 의약품의 전문적인 정보를 알기 어려우므로 과장 광고에 현혹되지 않도록 객관적인 사실만 전달해야 한다. 그래서 용어에서 최고나 최상 등의 단어를 쓰지 못하도록 하는 등 각종 규제가 존재한다.

제약회사 마케팅 부서에서 전문의약품을 담당하는 전문매니저 (PM)의 경우 광고 관련 업무량이 적은 편이다. 반면 일반의약품이나 백신을 담당하는 PM은 TV, 지면, 라디오, 유튜브 등의 다양한 채널을 활용해서 광고 전략을 펼쳐야 한다. 그래서 광고에 관심이 많은 사람이라면 제약회사를 지원할 때 일반의약품과 백신 제품군이 많은 회사를 지원하는 것이 본인이 하고 싶은 일을 할 수 있는 방법이다.

한편 일부 제약회사에서 의약품 말고 음료나 건강기능식품을 판매하는 경우도 있다. 대표적으로 광동제약이 있는데, 이 회사는 음료

가. 허가를 받거나 신고한 사항 외의 광고를 하지 말 것: 의약품 허가사항(label)에 명시된 적응증과 용법·용량대로 광고해야 한다. 임상 근거가 있더라도 허가사항에 없는 내용 (off-label)을 광고해서는 안 된다.

나. 소비자가 오인할 우려가 있는 광고 또는 소비자를 속이거나 소비자가 속을 우려가 있는 광고를 하지 말 것: 의약품에 대해 정확하고 최신의, 객관적인 정보를 전달해야 하며, 특정·일부 결과로 의약품의 효과를 일반화·과장해서는 안 된다.

마. 사실 여부와 관계없이 다른 제품을 비방하거나 비방하는 것으로 의심되는 광고를 하지 말 것: 다른 의약품에 관한 단점을 부각시키는 방법으로 다른 의약품의 효능, 용법, 품질 등이 자사 의약품보다 열등 또는 불리한 것처럼 광고해서는 안 된다.

자. 효능·효과를 광고할 때 '이를 확실히 보증한다'라는 내용 등의 광고 또는 '최고, 최상' 등의 절대적 표현을 사용한 광고를 하지 말 것: 과학적으로 입증하기 어렵고, 소비자를 오인시킬 우려가 있으므로 절대적인 표현을 사용해서는 안 된다.

차. 부작용이 있는 의약품에 대해서는 그 부작용을 부정하는 표현 또는 부당하게 안전성을 강조하는 표현의 광고를 하지 말 것: 모든 의약품은 부작용이 발생할 수 있으므로 부작용이 없다거나 안전성을 보증하는 표현을 해서는 안 된다. 효능과 함께 부작용을 균형 있게 전달해야 한다.

※제78조 제3항 일부 발췌

출처: 국가법령정보시스템 의약품 등의 안전에 관한 규칙

부문에서 남다른 두각을 보이고 광동제약에는 헛개수, 비타500, 삼다수, 옥수수수염차 등의 주요 제품이 있다. 이와 비슷하게 동아제약에 박카스도 있는데 위의 음료들은 사람들에게 오랜 시간 사랑을 받아왔다. 그리고 종근당의 락토핏과 같은 프로바이오틱스 제품도 많은 제약회사에서 판매하고 있는 건강기능식품이다.

제약회사 채용 공고에서 이처럼 의약품이 아닌 재화를 판매하는 부서의 경우 음료, 생수, 헬스케어 사업 팀이라는 용어를 사용하고 추

가적인 직무 설명으로 구분해서 지원을 받고 있다. 이력서와 자기소개서를 쓰기 전 해당 부서가 의약품, 음료, 건강기능식품 중 어느 것을 담당하는지 확인한 후 맞춤형 자기소개서를 쓰자.

합법적인 리베이트가 있다?

2021년 식약처 발표에 따르면 최근 5년간 총 35건의 제약회사 리베이트가 적발됐다. 정부는 리베이트 적발 시 의약품 보험 약가를 인하하는 약가 연동제와 리베이트를 제공한 제약사뿐만이 아니라 제공받은 의사까지 모두 처벌하는 쌍벌제를 적용하고 있다. 그리고 1회 적발 시에는 보험 적용을 정지하고 2회 적발 시에는 리베이트에 해당하는 의약품을 보험급여목록에서 삭제하는 투아웃제도 등을 시도하고 있다. 하지만 이러한 노력에도 불구하고 의약품 불법 리베이트가 100% 사라졌다고 얘기하기는 어렵다.

그렇다면 의약품 판매 촉진을 위한 합법적인 리베이트 제공 범위는 어디까지일까?

의약품 판매 장려를 위한 리베이트 허용 범위

법령	허용 행위	허용 범위
약사법과 의료법	견본품 제공	의약품과 의료기기의 제형·형태 등을 확인하는데 필요한 최소 수량의 견본품
	학술대회	교통비·식비·숙박비·등록비 용도 지원
	임상 시험	임상 시험용 의약품과 의료기기, 적절한 연구비
	제품설명회	교통비, 5만 원 이하 기념품, 숙박, 10만 원 이하 식음료
	대금 결제 조건에 따른 비용 할인	의약품과 의료기기 거래(납품)일로부터 - 3개월 이내 결제: 거래금액의 0.6퍼센트 이하의 비용 할인 - 2개월 이내 결제: 거래금액의 1.2퍼센트 이하의 비용 할인 - 1개월 이내 결제: 거래금액의 1.8퍼센트 이하의 비용 할인
	시판 후 조사	재심사 대상 의약품과 의료기기의 시판 후 조사 증례보고서 건당 5만 원 이하(희귀질환, 장기추적조사 등 30만 원 이하)
	기타	신용카드와 직불카드 결제에 따른 의약품과 의료기기 결제금액의 1퍼센트 이하의 포인트와 마일리지 적립
부정 청탁과 금품 등 수수의 금지에 관한 법률	식사	식사·다과·주류·음료 등 음식물 3만 원
	선물	5만 원(농수산물의 경우 10만 원)
	경조사비	축의금·조의금 등 5만 원. 단, 화환·조화일 경우 10만 원
	외부 강의와 강연	- 국·공·사립병원과 대학병원 의사 40만 원 - 학교 교원(교수) 겸직 시 시간당 100만 원

출처: 비즈니스워치(http://news.bizwatch.co.kr), 21년 5월 13일자 기사

　　국내 제약산업에서 허용되는 리베이트, 소위 경제적 이익을 개발 부서와 임상, 약가 급여, 영업, 마케팅 부서 등 제약회사의 직원이 의사나 약사에게 제공했을 때 지출보고서를 작성해야 한다. 그리고 규정은 정부 정책이나 각 협회의 해석에 따라서 수시로 변경되기 때문에 내부 감사 팀에서 수시로 업데이트하고 전 직원을 대상으로 정기

적인 교육을 실시한다. 위의 규정을 지키지 않으면 회사도 법적인 문제에 휩싸이지만 이를 실행한 개인은 해고까지 이를 수도 있다. 합법과 불법을 나누는 경계선을 잘 숙지하고 허용 범위 내에서 활동해야한다.

2018년부터 시행된 한국판 선샤인 액트법(리베이트 방지법)은 제약회사가 약사, 의료인, 병원 등에 경제적 이익을 제공할 경우, 이를 대외적으로 공개하도록 규정한 미국의 법률을 벤치마킹해 도입한 것이다. 하지만 아직 우리나라의 경우 해외 일부 국가처럼 일반인 환자가나의 주치의가 어떤 제약사로부터 얼마만큼 어떠한 경제적 이익을받았는지 검색하는 것은 허용하지 않고 있다.

경제적 이익 지출 보고서에는 제약회사가 의약품 샘플 제공, 국내외 학회 참가비 지원, 제품설명회 시 식음료 제공, 임상시험 시판 후조사비용 지원 등의 항목에서 의사, 약사 등의 의료인에게 제공한 경제적 이익을 모두 기재해야 한다. 그리고 관련 정보와 영수증, 계약서를 5년간 보관하고 보건복지부가 요청할 시에 해당 자료를 제출해야하는 것이 주요 골자다. 이러한 한국판 선샤인 액트법의 도입으로 인해 정부는 의료진에게 지급한 경제적 이익이 리베이트로 활용되지않도록 항상 주시하고 있다.

7장

이제는 실전!
제약회사,
이렇게 지원하자

제약회사에 지원하기 전
알고 있어야 하는 것들

첫째, 회사 인지도만 보고 지원하는 것은 피하자. 가방이나 화장품 같은 일반적인 상품들을 판매하는 경우에 보통 대중에게 많이 알려진 회사가 인지도와 비례해 매출 또한 높은 편이다. 하지만 제약회사는 그렇지 않다. 앞에서 얘기한 것처럼 제약회사는 대중적 인지도가 높은 회사가 매출이 높은 회사라고 100% 단정 지을 수 없다.

6장에서 얘기한 것처럼 전문의약품은 일반의약품과 다르게 광고가 불가능하다. TV에서 쉽게 볼 수 있는 일반의약품의 비중은 15.1%에 불과하고 전문의약품의 비중이 84.9%로 대부분을 차지하고 있다. 결론적으로 대중 미디어를 통해서 알려진 회사가 반드시 제약산업에서 유망한 회사는 아니다.

취준생들이 좋은 기회를 눈앞에 두고 놓치는 이유가 바로 여기에 있다. 우리는 일반적으로 부모님과 친구들 모두 아는 인지도가 높은 회사에 취업하기를 원한다. 하지만 정작 직장인들에게 물어보면 연봉, 복지, 문화처럼 실질적으로 주어지는 혜택이 더 중요하다고 답변한다. 즉, 내가 다니기에 좋은 회사를 선택하는 것이 중요하다.

둘째, 마음이 예쁜 사람이 제약회사에 취업할 수 있다. 제약회사에 다니고 싶은 사람이라면 우선 마음이 예뻐야 한다. 무슨 뜬금없는 소리인가 싶지만, 이 말은 매사에 윤리적인 사람이어야 한다는 뜻이다.

즉 제약회사의 어느 부서에서든지 일하기 원하는 사람은 기본적으로 정부의 규정을 잘 숙지하고, 이를 준수하고 국민의 건강을 보호해야 한다는 사고를 가진 사람이어야 한다.

포털 사이트에 국내 제약산업과 관련된 사건들을 찾아보면 식약처에 허가를 신청할 때 허위 자료를 제출한 사례, 원료가 허가 자료와 다른 사례, 발암 물질이 포함된 원료를 사용해 의약품을 제조한 사례 등 비윤리적인 사건·사고들을 찾아볼 수 있다.

그래서 제약회사는 회사 내에 공정 거래 부서 또는 감사 부서를 두고 업무가 윤리적인 준법 감시 규정 내에서 이뤄지는지 수시로 모니터링한다. 그리고 직원들이 이러한 규정을 잘 지킬 수 있도록 정기적인 교육도 담당하고 있다.

이처럼 윤리 의식이 중요하기 때문에 제약회사 면접의 단골 질문 중 하나가 "회사나 정부의 규정과 상충하는 요구를 지시받았을 때

본인이라면 어떻게 대처할 것인가?"다. 여러분이라면 어떻게 답변할 것인가? 답은 정해져 있다. 제약회사는 비윤리적인 직원은 뽑지 않는다는 것을 명심하자.

국내 제약회사와 외국계 제약회사 뭐가 다를까?

제약 업계는 국내 제약회사와 외국계 제약회사로 나눠 구분한다. 나는 국내와 외국계를 모두 다녀봤고 같은 직무여도 회사 시스템부터 문화에 이르기까지 차이가 매우 크다는 것을 직접 경험했다.

각각의 특성을 이해하고 국내로만 지원할 것인지 또는 국내와 외국계를 병행할 것인지 또는 외국계로만 지원할 것인지 등의 방향을 먼저 정리해 보자.

제너럴리스트를 지향하는 국내 회사

국내 제약회사는 다방면에 걸쳐 만능인 제너럴리스트가 되기를 원한다. 나의 경험에 빗대어보면 국내 제약회사는 A부터 Z를 경험하기에 좋았다. 나는 국내 제약회사의 마케팅 부서에서 일했지만, 외국계 회사라면 하지 않았을 다양한 업무를 경험해봤다.

예를 들어 국내 제약회사에서 간혹 약이 깨져서 들어 있다는 불량과 관련된 고객 불만이 접수되거나 제품이 품절 날 것 같을 때, 직접 공장에 문의하기도 해봤다. 그리고 임상 시험에 대해 좀 더 관여할 수 있었고, 국공립병원 입찰을 위한 서류들을 직접 준비하기도 했다. 또한 국내 제약회사는 한 명의 영업 담당자나 의료정보 담당자가 관리하는 제품 수가 수십 개가 넘는 경우가 많았다. 그래서 영업 팀에서 마케팅 팀의 담당자에게 제품설명회를 요청하는 일이 빈번했고 업무가 끝난 이후에 제품 프레젠테이션을 하기 위해 전국을 돌아다녔다.

국내 제약회사에서 일하는 3년 동안 생산부터 판매에 이르기까지 여러 부서를 망라하는 일을 할 기회가 많았다. 어떻게 보면 기회이고 어떻게 보면 고생을 한 것이라고 볼 수 있지만, 뒤늦게 생각해보면 국내 제약회사에서 커리어를 시작했기 때문에 제약산업의 전반적인 절차를 처음부터 넓게 바라보는 것이 가능했을 거라고 생각한다.

스페셜리스트를 지향하는 외국계 회사

외국계 제약회사는 부서 간의 업무가 명확하게 나뉘어 있고, 일을 진행하는 매뉴얼을 세팅해 놓아서 국내 회사에서 하던 방대한 일이 외국계 제약회사로 오니 확 줄어든 느낌이었다. 오히려 그곳은 각 부서의 전문적인 분야를 건드리는 것이 실례라고 느껴질 정도로 역할이 정확히 나눠져 있었다. 국내 제약회사는 전체 숲을 보고 일하는 느낌이었는데 외국계 제약회사로 오니 나무 하나만 봐야 하는 느낌이라 처음에는 답답함이 느껴졌다. 하지만 외국계는 일을 세분화해서 나눈 만큼 내가 담당하는 분야에 더 깊은 전문성을 요구한다는 점을 곧 깨달았다.

외국계는 마케팅의 기본 이론에 대한 충분한 이해는 물론이며 여러 시장 데이터를 구매하거나 외부에 마켓 리서치 등을 의뢰하기도 했다. 이렇게 다양한 자료를 수집한 후 분석과 전략을 구상하고, 어떤 전술을 통해 매출을 올릴 것인지에 대한 전체 그림을 마케터의 명확한 근거와 논리로 무장해야 한다. 그리고 이를 근거로 1~10년간의 매출을 예상할 수 있어야 한다.

마케터가 외국계 제약회사에 다닐 때, 무엇보다 힘든 점은 국내, 아시아태평양지점, 본사 경영진까지 모두 설득하고 그에 따른 나의 전략과 매출안을 승인받아야 하는 것이다. 수십 명을 이해시키고 설득하려면 자신의 논리나 근거에 빈틈이 전혀 없어야 하므로, 즉 이 분야의 전문가를 지향해야만 살아남을 수 있다.

영업 팀의 상황도 위와 다를 바 없다. 국내사에서 수십 개의 제품을 한 의료정보 담당자가 관리한다면 외국계의 경우에는 1~3개 등 상대적으로 적은 개수의 제품을 담당한다. 왜냐하면 일을 진행하는데 더 전문적인 지식을 요구하기 때문이다. 그래서 외국계 영업 팀이라면 제품에 대한 외국 논문의 이해는 물론이며 의료진에게 설명하는 제품설명회에서 PT 진행과 Q&A 모두 직접 응대할 수 있어야 한다.

이처럼 국내 제약회사와 외국계 제약회사는 다른 구조와 문화를 갖고 있다. 회사마다 약간의 차이는 있을 수 있지만 취준생들이 이해하기 쉽도록 표로 정리해봤다.

외국계 제약회사와 국내 제약회사

구분	외국계 제약회사	국내 제약회사
주요 제품군	신약 위주	제네릭 위주
연구	본사(외국) 연구소	국내 연구소
임상	• 신약: 기획은 주로 본사가 진행하고, 실행의 경우 한국이 글로벌 스터디에 포함된 경우에 한해서 진행	• 신약: 국내 임상 기획, 진행 기회 多 • 제네릭: 생동성 시험 진행
의약품 허가	• FDA 또는 EMA의 허가를 받은 후 국내 허가 진행	• 신약: FDA와 EMA로 허가 신청 • 제네릭: 생동성 시험 완료 후 식약처 허가 신청
의약품 생산	해외 공장에서 생산 후 국내 수입	국내 공장 생산 (송도, 향남, 화성, 오송 등)
의약품 유통	소수의 대형 도매상과 거래	다수의 도매상과 거래
의약품 마케팅/영업	• 마케팅 본사 전략과 같은 맥락에서 진행 • 국내사에 비해 영업 조직 규모가 작고 5대 광역시 위주로 배치	• 국내 마케팅 전략 자체 개발 • 전국적으로 영업 지점이 많이 있음
경영진	전문경영인(외국인인 경우가 많음)	전문경영인보다 오너 경영 (창업주 2세, 3세) 체제가 많음
문화	본사 문화를 따라가는 분위기	외국계에 비해 보수적
연봉/복지	성과제 위주	호봉제 위주의 분위기
소속 협회	한국글로벌의약산업협회(KRPIA)	한국제약바이오협회(KPBMA)

현재 외국계 제약회사와 국내 제약회사는 연봉이나 복지 혜택에서는 큰 차이가 없고 없이 업계 전체적으로 비슷하게 제공하고 있다고 보여진다. 나는 두 제약회사의 가장 큰 차이점은 기업 간 문화적 편차라고 생각한다. 복지 혜택을 갖추고 있어도 이를 쓸 수 있는 문화, 즉 분위기가 깔리지 않았으면 이는 허울뿐이다. 결론적으로 국내 제약회사는 눈치가 보여 있는 복지도 활용할 수가 없는 경우가 있다는 뜻이다.

이런 면에서 보면 외국계 제약회사는 미국계, 유럽계, 일본계를 막론하고 회사별로 문화적인 편차가 없는 편이다. 외국계라면 규모에 상관없이 주어진 복지 혜택을 편하게 쓸 수 있는 문화가 어느 정도 바탕이 깔려있기 때문이다.

국내 제약회사의 공식적인 복지 혜택은 외국계와 비슷하나 이를 쓸 수 있느냐 없느냐를 결정하는 회사별 편차가 큰 편이다. 그렇다고 매출 규모와 비례하는 것도 아니다. 따라서 국내 제약회사는 그 회사에 다니고 있는 현직자의 솔직한 리뷰 파악이 필수다.

그리고 외국계와 국내사를 비교해봤을 때 국내 제약회사의 채용 기회가 훨씬 많은 편이어서 취업이 더 용이하다. 국내 제약회사의 경우 생산 공장이나 연구소가 모두 국내에 있으며, 영업의 규모도 외국계 회사에 비해 매우 큰 편이다. 따라서 전 부서의 채용 규모가 외국계에 비해서 훨씬 많다.

반면 외국계 제약회사는 공석이 났을 경우에만 한 명 한 명씩 채용하는 경우가 많기 때문에 정기나 대규모 채용은 거의 보기 어렵다. 그래서 대부분 국내 제약회사에서 경력을 쌓고 외국계 제약회사로 이직을 한다. 하지만 그렇다고 외국계 제약회사에 신입이 아예 없는 것은 아니다. 특히 허가, 학술, 약가 급여, 약물 감시 부서 등의 경우 신입이 많다. 단지 영업이나 마케팅 부서의 경우 적다고 보는 것이 일반적이다.

어떤 국내 제약회사에
지원해야 할까?

나는 취준생들에게 가능한 상위 제약사에 지원하고, 적어도 매출 1,000억 이상의 제약사에 지원할 것을 권장한다. 기업 분석을 해보면 각각의 장단점이 다르겠지만 일반적으로 매출 규모가 큰 상위 제약사일수록 R&D 투자를 하거나 신약이나 개량신약 개발을 통해 다른 제약회사와 차별화된 의약품을 판매할 가능성이 높기 때문이다(부록 3).

그리고 매출 규모가 작거나 영업이익률이 낮은 제약사의 경우에는 복지를 신경 써 줄 여유나 문화적 분위기가 잡히지 않았을 수 있다. 면접에서 가족 같은 회사라고 하더니 입사 후 정말로 회사 요직부터 신입에 이르기까지 오너 가족들로 구성된 영세 제약회사도 있을 수 있다. 이런 회사에서 육아휴직, 재택근무, 집중근무 등의 복지를 기대하는 것은 하늘에서 별을 따는 것만큼이나 쉽지 않다.

한국보건산업진흥원에서 발행한 2020년 제약산업분석보고서에 따르면 의약품(완제의약품)을 생산하는 업체 수는 총 349개다.

완제의약품 생산 규모별 업체 수와 생산액(2019)

(단위: 개소, 백만 원, %)

생산 규모	업체 수	생산액	점유율	평균 생산액
10억 원 미만	111	30,125	0.2	271
10~50억 원	54	130,344	0.7	2,414
50~100억 원	16	116,098	0.6	7,256
100~500억 원	70	1,789,118	9.0	25,559
500~1,000억 원	39	2,709,254	13.7	69,468
1,000~3,000억 원	45	7,700,100	38.8	171,113
3,000~5,000억 원	8	2,996,835	15.1	374,604
5,000억 원 이상	6	4,370,657	22.0	728,443
총계	349	19,842,531	100.0	56,855

출처: 2020 제약산업분석보고서

이 보고서에서 봐야 할 점은 생산 규모에 따른 생산점유율이다. 생산액 5,000억 이상의 6개 업체가 전체 시장의 22%를 차지하고 있고, 매출액 1,000억 이상의 59개 업체가 전체 생산액의 75.9%를 차지한다. 매출액 기준으로 상위 제약사의 집중도를 살펴보자. 2020 제약·바이오 산업 데이터북을 보면 2019년 기준 매출액 상위 10개사가 전체 매출의 39.9%를 차지하고 있고, 상위 50개사가 전체 매출의 87.1%를 차지하고 있다는 것을 알 수 있다.

매출액 상위 10·20·50개사 집중도

(단위: 억 원, %)

연도	총 매출액	상위 10개사	상위 20개사	상위 50개사
2015	160,338	73,448(45.8)	106,161(66.2)	146,216(91.2)
2016	201,244	86,834(43.1)	123,669(61.5)	172,055(85.5)
2017	257,096	108,817(42.3)	160,414(62.4)	223,993(87.1)
2018	275,125	115,249(41.9)	168,141(61.1)	239,498(87.1)
2019	306,865	122,302(39.9)	188,272(61.4)	267,203(87.1)

출처: 2020 제약·바이오 산업 데이터북

즉, 생산액과 매출액 기준 모두 상위 제약사의 시장 점유 비율이 압도적으로 높은 편이다. 결론적으로 베스트는 상위 제약사 또는 적어도 매출액 1,000억 이상의 제약사로 취업하는 것이다. 매출액 정보는 (부록 1)을 참고하자.

너무나 당연한 얘기로 들리겠지만, 일반재를 파는 회사보다 제약회사는 더욱 이 부분이 중요하다. 왜냐하면 회사의 대표 제품이 신약이나 개량신약이 아닌 제네릭 의약품이라면 우리 회사만의 제품 차별화 포인트가 없다는 것이기 때문이다.

이런 상황에서 판매해야 하는 영업 팀과 마케팅 팀이 돌파할 수 있는 방법은 자신의 차별화된 영업력과 프로모션 정책 밖에 없다. 이는 실무자들이 고생할 수밖에 없는 시스템이기 때문에 이러한 회사에 가면 '제약회사 몇 달 만에 퇴사했다'라는 유튜브 영상을 찍게 되는 것이다.

그래서 제약회사 취업은 조급함을 버려야 한다. 서류에서 몇 번 떨어지고 유일하게 합격 통보를 해준 회사에 대한 고마움에 영세 제약사에 무작정 출근하기보다는 스펙과 직무 경험을 잘 쌓아서 시간이 걸리더라도 좋은 회사에 취업을 하는 것이 장기적인 커리어로 봤을 때 더욱 이득이라는 점을 명심하자.

Q: 우리나라에 영세 제약사가 많은 이유는?

우리나라 완제의약품 생산업체 중 10억 미만을 생산하는 곳이 전체의 약 32%를 차지한다. 그리고 100억 미만을 생산하는 곳은 전체의 약 52%를 차지한다. 셀트리온, 삼성바이오로직스, 유한양행, GC녹십자 등 매출액이 1조를 넘어가는 제약사가 이렇게 많은데 연간 매출액이 100억도 안 되는 제약회사가 50%가 넘는다는 사실이 충격적이지 않은가.

그 배경은 국내 제약산업의 성장이 정부의 제네릭 육성 정책을 바탕으로 오랜 기간 성장해왔기 때문이다. 쉬운 허가와 생산, 상대적으로 높은 약가는 제네릭만 팔더라도 안정적으로 회사를 운영할 수 있는 버팀목이었다. 공장과 자본이 별로 없더라도 우리나라의 현재 시스템으로 제약회사를 설립하는 것은 별로 어렵지 않다. 그 배경에는 다음의 3가지가 존재한다.

생산 공장이 필요 없다

정부에서 생산 적합 판정을 통과한 제조 시설에 생산을 위탁한다. 그렇게 수십 개 회사의 제네릭은 위탁 생산을 통해 한 공장에서 제품명과 포장만 다르게 바꿔 만들어지고 있다.

예전에 뇌기능 개선제라는 콜린알포세레이트 총 232개의 제품이 허가됐는데, 이 제품은 불과 15개의 공장에서만 생산이 이뤄져 문제가 제기되었다. 평균을 내보면 하나의 공장에서 15개 회사의 제품을 위탁받아 만들어진 것이다.

생물학적 동등성 시험을 직접 할 필요가 없다

건강보험심사평가원의 자료에 따르면 2016년 허가된 제네릭 의약품 중 직접 생물학적 동등성 시험을 실시한 회사는 11.5%에 불과했다. 나머지 88.5%는 다른 회사에서 진행한 생물학적 동등성 시험에 이름만 올렸고 회사들이 허가받을 때 같이 승인을 받았다.

생물학적 동등성 인정 품목 현황

연도	총계	직접 실시	위탁 실시	위탁/총계×100
2012	588	251	337	57.3
2013	1,143	320	823	72.0
2014	1,078	287	791	73.4
2015	1,215	238	977	80.4
2016	1,102	128	984	88.5

출처: 2017 식품의약품 통계연보

제네릭 가격이 생각보다 높다

우리나라는 미국에 비해서 제네릭 의약품의 가격이 높은 편이다. 한국 보건경제정책학회가 발간한 〈보건경제와 정책연구〉에 게재된 "제네릭 의약품의 국가 간 약가 비교: 분석방법별 약가 수준의 차이 고찰(고려대학교 약학과 배은미, 최상은, 강대원, 신경선)"이라는 자료에 따르면 '국내 제네릭 약가는 외국에 비해 41~54%나 높은 가격으로 형성되어 있다'고 한다.

이러한 3가지 배경으로 인해서 우리나라는 영세 제약사가 생존하기에 매우 좋은 환경이었고, 신약 개발보다는 제네릭 사업을 통해 제약산업이 성장해왔다. 제품의 차별성 없이 포장만 다른 제품이다 보니 제품력보다는 온전히 영업력으로 매출을 올려 회사를 성장시켜야 했다. 그래서 오래전부터 일반인들이 제약 영업을 생각하면 접대, 리베이트와 같은 부정적인 이미지가 떠오르게 된 것이다.

하지만 이제 정부는 이러한 제네릭 위주의 성장을 바라지 않는다. 그래서 정부는 규정 변경에 박차를 가하고 있고 그중에 낮은 진입장벽의 원인 중 하나였던 생물학적 동등성 시험 규정을 새롭게 고쳤다. 약을 허가받기 위해서 진행하는 수탁사를 한 곳으로 위탁사는 세 곳으로 제한하는 제도로 변경했다. 그리고 제네릭의 약가제도도 자체적으로 생물학적 동등성 시험을 했는지 원료는 등록된 것을 사용했는지를 확인했고, 순서에 따라 가격 차이를 두는 차등제와 계단식 약가제도로 변경했다.

즉, 제네릭 사업만으로 운영을 해왔던 제약회사는 앞으로 변화가 필수불가결할 것이고, 자본 여력이 없는 영세 제약사의 경우 도태될 것이다. 취준생은 이러한 변화를 간과해서는 안 되며 더더욱 어느 수준 이상의 제약회사에 취직해야 하는지 꼼꼼하게 알아봐야 한다.

현직자의 솔직 리뷰로
회사를 걸러내자

앞서 언급한 것처럼 문화적인 편차가 외국계는 회사별로 적은 편이라면 국내사는 편차가 큰 편이다. 채용 박람회나 설명회에서는 모두 입맞춘 듯이 우수한 복지와 수평적인 문화를 갖고 있다고 얘기하지만, 실제 기업 문화의 진실은 결국 현직자들만 알고 있다. 일부 채용 플랫폼에서 현직자의 기업 평가를 제공하고 있지만 이미 취업을 한 직장인들은 채용 사이트에 잘 들어가지 않는다. 그래서 그 설문에 정확하게 답한 숫자가 적을 수 있다.

실제로 직장인들은 채용 사이트에서 기업을 평가하기보다 블라인드라는 익명 커뮤니티에서 활동하며 회사 생활의 고충을 같은 회사 또는 동종 업계 사람들끼리 공유한다. 그래서 블라인드의 평점과 게

시판에 있는 얘기를 살펴보는 것이 그 회사에 다니는 사람들의 진짜 후기다. 사이트의 회사 게시판에 들어가려면 그 기업의 개인 메일로 인증받아야만 가능하기 때문에 취준생은 사내 게시판에는 들어갈 수 없다. 하지만 재직자들이 평가한 기업의 전체 평점에 대한 정보는 모두에게 오픈하고 있기 때문에 꼭 확인해 보자.

■ 블라인드(BLIND): https://www.teamblind.com

웹사이트에 접속해서 자신이 염두에 두었던 기업을 기업 리뷰에서 검색해 보자. 그러면 각 회사의 전체 평점과 워라밸, 급여와 복지, 사내 문화, 커리어, 경영진 등에 대한 정보와 해당 회사에 근무한 사람들의 평가와 후기를 볼 수 있다. 혹시나 내가 여러 제약회사를 합격해 선택권이 있는 상태라면 이런 부분까지 꼼꼼히 확인하고 최종 결정을 내리는 것이 좋다.

내수 중심과 수출 중심 중
어느 쪽이 유리할까?

제약회사를 목표로 준비하는 취준생들이 자주 착각하는 것이 있다. 바로 셀트리온과 삼성바이오로직스가 국내 제약 매출에서 엄청난 매출을 갖고 있으리라고 생각하는 것이다. 하지만 실상 이 회사들의 국내 영업 매출은 미비하다. 반면 전 세계 시장을 대상으로 한 제약회사의 영업 매출을 살펴보면 셀트리온과 삼성바이오로직스, LG화학과 같은 회사가 톱10 안에 새롭게 등장한다.

셀트리온의 전체 매출 97.56%가 해외에서 발생하며, 삼성바이오로직스 또한 해외 수출액 비중이 70%를 넘는다(한국제약바이오협회, 2020 제약·바이오 산업 데이터북).

(단위: 백만 원, %)

순위	기업명	수출액	매출액	수출액 비중
1	셀트리온	1,100,878	1,128,459	97.56
2	삼성바이오로직스	494,472	701,591	70.48
3	LG화학(제약)*	267,888	622,184	43.06
4	서흥	169,440	460,728	36.78
5	동아에스티	159,180	612,310	26.00
6	SK케미칼(제약)	77,062	420,395	18.33
7	한미약품	187,860	1,113,649	16.87
8	녹십자	222,464	1,369,709	16.24
9	유한양행	205,686	1,480,353	13.89
10	일양약품	39,263	324,573	12.10
11	동국제약	56,336	482,280	11.68
12	휴온스	32,514	365,018	8.91
13	대웅제약	88,681	1,113,425	7.96
14	보령제약	30,294	524,268	5.78
15	JW중외제약	26,816	511,335	5.24
16	제일약품	33,095	671,406	4.93
17	종근당	47,343	1,079,337	4.39
18	한독	17,719	473,000	3.75
19	일동제약	10,397	517,467	2.01
20	광동제약	10,059	1,238,254	0.81

출처: 2021 제약·바이오 산업 데이터북

* 셀트리온 수출액의 경우 제품의 유통과 판매를 담당하고 있는 셀트리온 헬스케어의 당해년도 매출액을 참고함.

내가 희망하는 직군이 국내 영업 또는 마케팅인데 셀트리온이나 삼성바이오로직스만 바라보고 있다면 취업이 쉽지 않을 것이다. 해외 수출 중심의 기업에서 국내 영업/마케팅 직군의 채용이 많을 리가 만무하기 때문이다. 그렇다면 내수 중심의 기업이 취업에 더 유리하다는 뜻일까? 이 질문은 자신이 선택한 직무와 스스로 갖춘 역량을 바탕으로 판단해야 한다.

해외 수출 비중이 높은 회사는 내수 시장만을 대상으로 하는 회사에 비해서 어떤 역량을 요구할까? 바로 외국어 능력이다. 품질 팀의 경우 해외 수출 기업에서 감사를 오면 대응할 수 있어야 하고, 허가 팀은 신약을 FDA나 EMA에서 허가받는 일을 할 수 있어야 한다. 기획 팀에서는 수출 계약 등을 위해 여러 국가와 원활하게 협상할 수 있어야 하고 해외 영업 팀의 경우 업체를 통해 해외 담당 마케터들과 긴밀하게 일할 수 있어야 한다. 이러한 수출 비중이 높은 회사를 가고 싶은 지원자라면 영어는 기본이고, 제2외국어 능력 또한 자신을 남들과 차별화시킬 수 있는 좋은 포인트가 될 수 있으므로 외국어 역량을 잘 개발해둘 필요가 있다.

외국계 제약회사에는
어떤 회사들이 있을까?

우리나라에는 50여 개가 넘는 외국계 제약회사가 있다. 코로나19 백신으로 유명한 화이자, 아스트라제네카, 모더나 같은 몇 개의 회사만 알고 있는 일반인들은 생각보다 국내에 진출한 외국계 제약회사 숫자가 많아서 놀라는 경우가 많다.

아무래도 직원 수가 국내 제약회사에 비해 적고, 전문의약품 위주의 포트폴리오를 갖고 있다 보니 외국계 제약회사는 일반인들에게 인지도가 낮은 편이다. 하지만 놀랍게도 이 50여 개의 외국계 제약회사가 국내 의약품 시장 매출의 약 40%를 차지하고 있다. 높은 매출에 비해 적은 직원 수를 갖고 있지만 외국계 제약회사 직원 1인당 평균 매출액은 9억 5,600만 원으로 생산성이 매우 높다.

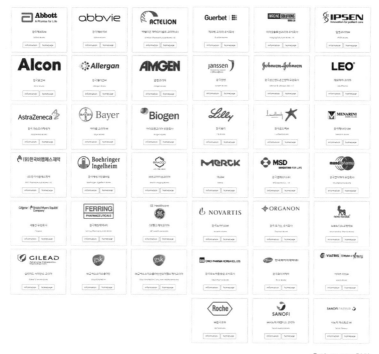

출처: KRPIA협회

처음 제약회사 지원을 고려하는 취준생의 경우(특히 나와 같은 문과 계열의 경우)를 보면 외국계 제약회사 이름을 몰라 지원하지 못 하는 경우를 빈번하게 봤다. 왜냐하면 국내 제약회사처럼 ○○약품, ○○제약이라고 대놓고 제약회사라고 명확하게 얘기하고 있지 않기 때문이다. 그래서 처음 지원하려는 취준생은 회사명만 봐서는 당최 무슨 회사인지 알 수가 없다. 하지만 국내에 진출해 있는 외국계 제약회사 리스트는 한국글로벌의약산업협회(KRPIA) 회원사 리스트를 통해 쉽게 파악할 수 있으니 확인해 보자.

몇몇 일본계 제약회사들을 제외하고 국내에 진출한 외국계 제약회사는 대부분 KRPIA에 소속해서 활동하는 경우가 많다. KRPIA에는 2020년 기준 44개의 외국계 제약회사가 가입한 상태다.

■ 한국글로벌의약산업협회: https://www.krpia.or.kr

KRPIA의 홈페이지에 접속하면 외국계 제약회사들이 어떤 활동에 관심을 갖고 노력하고 있는지 알 수 있다. 특히 자료실의 협회 발행 문서 중 〈KRPIA 연간보고서〉를 살펴보면 기업 소개를 마치 분석에 가깝게 잘 요약해 놓아서 회사를 파악하기에 매우 유용하다.

그리고 KRPIA에 가입하지 않은 한국아스텔라스제약, 한국에자이, 한국오츠카제약, 한국다이이찌산쿄, 한국교와하고기린, 미쓰비시다나베파마코리아, 한국산텐제약, 한국코와와 같은 일본계 제약회사들도 있기 때문에 이 회사들의 채용 공고도 살펴볼 필요가 있다.

매출 순위를 알아보기 위해 외국계 제약회사 30곳의 2019년과 2020년 매출액과 직원 수를 분석한 결과를 확인해 보자. 한국 MSD나 릴리와 같은 회사의 경우에는 공시의무가 없는 유한회사라서 매출 규모를 분석할 때 제외된 것으로 예상된다.

표에서 보면 알 수 있듯이 외국계 제약회사 중 상위권의 경우 국내 매출액이 약 4,000억 정도다. 하지만 국내 매출액 1조를 넘었던 유한양행이나 종근당에 비해 매출 규모가 작게 느껴진다. 앞서 의약품 시장의 40%가 외국계 제약회사의 매출이라고 언급했는데, 이 '수치를

외국계 제약회사 매출액과 성장률

(단위: 백만 원, %)

기업명	매출액			직원 수			1인당 매출액		
	2019	2020	성장률	2019	2020	증감률	2019	2020	증감률
한국베링거인겔하임	295,298	313,166	6.1	168	160	-4.8	1,758	1,957	11.4
GSK컨슈머헬스케어코리아	97,162	129,669	33.5	87	87	0.0	1,117	1,490	33.5
사노피파스퇴르	78,253	77,668	-0.7	61	53	-13.1	1,283	1,465	14.2
한국로슈	433,663	443,855	2.4	292	309	5.8	1,485	1,436	-3.3
한국UCB제약	54,449	51,657	-5.1	36	36	0.0	1,512	1,435	-5.1
비아트리스코리아	179,932	380,598	111.5	264	279	5.7	682	1,364	100.2
한국아스트라제네카	438,938	498,092	13.5	362	393	8.6	1,213	1,267	4.5
한국쿄와하코기린	77,081	75,065	-2.6	78	73	-6.4	988	1,028	4.1
노보노디스크제약	165,178	169,945	2.9	155	169	9.0	1,066	1,006	-5.6
한국알콘	164,963	201,374	22.1	197	201	2.0	837	1,002	19.6
게르베코리아	42,948	39,968	-6.9	42	40	-4.8	1,023	999	-2.3
사노피아벤티스코리아	438,327	490,364	11.9	506	492	-2.8	866	997	15.1
한국노바티스	493,424	532,014	7.8	542	534	-1.5	910	996	9.4
한국룬드벡	64,706	65,958	1.9	67	67	0.0	966	984	1.9
한국화이자제약	349,904	391,878	12.0	460	411	-10.7	761	953	25.3
한국BMS제약	173,964	166,964	-4.0	216	176	-18.5	805	949	17.8
머크	269,837	326,121	20.9	339	345	1.8	796	945	18.8
한국애브비	157,288	146,733	-6.7	147	170	15.6	1,070	863	-19.3
바이엘코리아	329,497	332,646	1.0	562	399	-29.0	586	834	42.2
한국페링제약	52,844	55,787	5.6	66	67	1.5	801	833	4.0
박스터코리아	233,486	242,600	3.9	274	296	8.0	852	820	-3.8
글락소스미스클라인	316,506	333,431	5.3	440	434	-1.4	719	768	6.8
프레지니우스카비	70,650	71,810	1.6	104	105	1.0	679	684	0.7
한국애보트	205,049	199,695	-2.6	287	297	3.5	714	672	-5.9
한국얀센	310,963	343,363	10.4	483	521	7.9	644	659	2.4
한국세르비에	44,897	46,841	4.3	75	76	1.3	599	616	3.0
한국메나리니	57,600	57,087	-0.9	122	117	-4.1	472	488	3.3
한국오츠카제약	180,229	188,412	4.5	357	391	9.5	505	482	-4.6
한독테바	31,494	29,585	-6.1	76	76	0.0	414	389	-6.1
한국존슨앤드존슨	159,151	72,744	-54.3	268	247	-7.8	594	295	-50.4

출처: 팜뉴스

보면 국내 제약회사의 점유율이 훨씬 높아야 하는 것이 아닐까?'라는 의문을 가질 수 있다. 국내사 매출 순위의 경우 해당 파트에서 언급한 것처럼 의약품뿐만이 아니라 식품, 화장품과 같은 의약 외 제품의 매출도 모두 포함한 자료이기 때문에 의약품 포트폴리오만을 갖고 있는 외국계 제약회사와 직접적으로 비교해서는 안 된다.

그리고 외국계 제약회사의 경우 분사와 합병 등이 지속적으로 빈번히 일어나왔다. 화이자 제약의 경우 화이자와 비아트리스코리아로 나뉘어졌고, MSD도 MSD와 오가논으로 나뉘었다. 그리고 애브비는 엘러간과 합병하는 등 제약회사 내에서 M&A가 활발히 일어나고 있어서 매출 순위가 수시로 변할 수 있다는 점도 참고하자.

외국계 제약회사 입사하기

외국계 제약회사를 염두에 두고 취업을 준비하는 지원자들이 가장 많이 하는 질문이 '신입은 안 뽑나요?'다. 결론적으로 지금은 외국계 제약회사에 신입사원 공채라는 제도가 거의 없어졌고, 누군가 퇴사해서 공석이 나거나 조직 확대를 하는 경우에만 채용을 하는 편이다.

일단 외국계 제약회사의 경우 국내사보다 직원 수가 현저히 적다 보니 채용 인원이 적게 느껴질 수 있다. 그리고 가뭄에 콩 나듯이 나오는 채용 공고도 경력직이라고 명시된 경우가 많아 취준생은 거의 신입은 뽑지 않는다고 느낀다. 결론적으로 부서에 따라 차이가 있을 뿐 신입 채용이 아예 없는 것은 아니지만 가끔 나오는 공고도 취준생은 통과하기가 어렵다.

외국계 제약회사에 들어가는 방법으로 세 가지 루트가 있다. 첫째, 신입으로 취업하는 것이다. 허가, 학술, 약가 급여 부서 등 그 외 지원 부서들은 들어가서 일하는 것이 가능하다. 간혹 영업직도 공고가 날 때가 있는데 그때 지원해서 합격한다면 정말 운이 좋다고 볼 수 있다. 영업 부서에 신입으로 들어간 사람들은 경력직과의 경쟁을 이기고 합격한 능력자로 보이기 때문이다.

하지만 외국계 회사의 마케팅 부서는 그런 경우가 거의 없다. 회사 내의 영업 부서에서 부서 변경을 통해 마케팅으로 가거나 또는 다른 회사에서 마케팅 업무를 하던 사람들이 경력직으로 이직하는 경우가 대부분이다.

즉, 수요가 많고 인력 공급이 적은 외국계 제약회사의 부서는 신입을 뽑는 것을 볼 수 있다. 실제로 외국계 회사에 다니면서 마케팅 부서를 제외하고 신입으로 들어가는 경우를 많이 봐왔기에 안 뽑는다고 단정해서 얘기할 수 없다. 하지만 국내 제약회사보다 어렵고 채용의 기회가 적은 것은 명백한 사실이다.

둘째, 처음에 계약직으로 입사하고 차후 정규직 전환이나 다른 외국계 회사의 경력직으로 지원하는 방법이다. 외국계 제약회사는 국내 제약회사에 비해서 계약직을 많이 뽑는 편이다. 일단 인력 한 명을 늘리는 것도 본사의 승인을 받고 인력증가분만큼의 매출 성장을 담보로 해야 하기에 정규직을 늘리는 것이 매우 까다롭다. 이런 제한으로 인해 좀 더 자유로운 계약직 공고가 자주 올라오는 편이다.

첫 직장으로 계약직이라는 것이 꺼려질 수 있지만 1~2년간 외국계 제약회사에서 일하면서 배우고, 이후 정규직으로 전환하는 사례도 있다.

혹여 해당 부서의 여력이 되지 않아서 정규직으로 전환이 어렵다고 하더라도 2년간의 업무 경험을 녹여서 포트폴리오로 만든다면 경력직을 뽑는 다른 외국계 회사로 지원이 가능하다. 단지 계약직으로 일하는 동안 얼마나 업무 능력을 쌓았는지는 면접에서 지원자가 보여줘야 하는 부분이기 때문에 직무에 대한 역량을 해당 기간 동안 키워두어야 한다.

셋째, 국내 제약회사에서 경력을 쌓은 후 외국계 제약회사로 이직하는 방법이다. 나 또한 위의 방법으로 이직했고, 대다수의 사람들이 세 번째 루트를 통해 외국계 제약회사에 입사하는 편이다. 그래서 계약직으로 입사하기 싫다면 국내 제약회사의 원하는 부서에 먼저 들어가는 것도 좋은 방법이다.

외국계 제약회사로 이직하기 위해 중요한 것은 국내 제약회사에서 높은 성과를 낸 사람으로 인정받아야 한다는 점이다. 제약 업계는 외국계 제약회사와 상위권에 있는 국내사가 시장을 주도하기 때문에 업계가 매우 좁은 편이다.

즉, 한두 다리 건너면 내가 이전 회사에서 어떻게 일했는지 쉽게 알 수 있고 외국계 제약회사의 경우 채용할 때 이러한 평판 조회를 필수적으로 한다. 에이전시를 고용해 여러 명에게 하는 경우도 있다.

따라서 나의 평판과 성과 관리를 잘 해놓은 직원이 외국계 제약회사로 이직할 확률이 높다는 점을 알아두고, 잘 준비해서 3~4년 차 대리 직급 정도에 이직을 시도해본다면 좋을 것이다.

제약회사 채용 공고와 트렌드
이곳을 공략하라

제약회사 채용 공고는 다양한 루트를 통해 파악이 가능하다. 단순히 잡코리아나 사람인과 같은 채용 사이트뿐만이 아니라 제약인들이 이용하는 커뮤니티, 정부 주도의 채용 박람회, 외국계 제약회사의 SNS 등 다양한 채널을 통해 파악해 볼 수 있다.

🔖 채용 사이트

국내 제약회사와 외국계 제약회사로 나눠서 채용 공고가 올라오는 채용 사이트를 알아보자.

✔ 국내 제약회사

국내 제약회사는 대부분 우리가 알고 있는 채용 사이트에서 공고를 찾아볼 수 있다. 그리고 채용 공고 검색 시에 산업-의료, 제약업-제약으로 선택한 후 원하는 조건들을 저장해두면 빠르게 검색해서 확인해 볼 수 있다.

✔ 외국계 제약회사

외국계 제약회사는 국내 채용 사이트보다는 외국계 취업 전문 사이트인 피플앤잡을 통해 공고를 올린다. 피플앤잡 또한 업종을 의약과 제약으로 선택해 놓으면 제약회사 채용 공고를 찾아보기가 편리하다.

■피플앤잡: https://www.peoplenjob.com

🔖 제약회사 취업 관련 인터넷 카페

제대모(제약·바이오에 대한 모든 것)는 제약회사 취업에 관심 있는 사람들과 제약 업계에 일하고 있는 현직자들, 제약 관련 헤드헌터들이 모여 있는 인터넷 카페다. 여기서 제약회사 채용 정보와 제약회사의 다양한 상황들을 빠르게 알 수 있다. 그리고 수많은 제약회사의 정보가 쌓여 있기 때문에 입사하고 싶은 제약회사를 고르는 데 유용하다.

■제대모: https://cafe.naver.com/gsk

🏷 채용 박람회

제약산업은 정부에서 미래 성장 산업으로 선정했기 때문에 현재 정부와 산업계가 합동해 인재를 유치하기 위해 노력하고 있다. 이를 위해 정부가 채용 박람회를 정기적으로 열고 있다.

2018년 한국제약·바이오 산업 채용 박람회를 시작으로 여러 일자리 박람회가 꾸준히 온·오프라인으로 열리고 있다. 2018년에는 47개, 2019년에는 80여 개의 기업이 참여했다.

박람회를 통해 직무별 취업 특강, 멘토링, 자기소개서, 인적성, 면접 강의 등의 제약회사 채용 설명회를 들을 수 있기에 취준생에게 유용하다.

■바이오헬스 일자리 박람회: www.biojobfair.co.kr
■바이오잡페어: http://www.biojobfair2021.com
■한국제약·바이오 산업 채용 박람회

🏷 SNS

외국계 기업 종사자들은 주로 '링크드인'에 가입한다. 그 이유는 링크드인이 여러 분야에서 일하는 사람들과 소통할 수 있는 플랫폼인 동시에 사이트에 적어놓은 나의 프로필을 통해서 헤드헌터에게 이직 오퍼를 받는 경우가 있기 때문이다.

그리고 취준생도 링크드인을 통해 외국계 기업의 채용 공고를 가장 빠르게 알 수 있다. 대부분의 외국계 제약회사는 인사 팀에서 링크드인 내에 기업 홈페이지를 운영하고 있고, 이곳에 해당 기업의 전세계 채용 공고가 올라온다. 장소를 한국으로 설정해 놓고 알림 설정을 해둔다면 내가 가길 원하는 외국계 제약회사의 채용 정보를 누구보다 빨리 알 수 있다.

■링크드인: https://www.linkedin.com

다음으로 제약회사 트렌드를 공략하는 방법을 알아보자. 제약 관련 뉴스는 조선일보·중앙일보·동아일보와 같이 대중을 대상으로 하는 미디어보다 의료인을 대상으로 하는 전문지에서 상세히 다루기 때문에 전문지 기사를 지속적으로 읽는 것이 산업 이슈나 트렌드를 파악하는데 용이하다. 이에 대한 이해도를 서류 면접에서 보여주는 것은 힘들지만 알고 있다면 그 지식은 대면 면접에서 빛을 발할 것이다.

정부 정책의 변화로 내가 지원한 직무가 받은 영향이나 정책의 변화에 대한 고객(의사, 약사)들의 의견을 파악하는 활동을 함으로써 "우리 회사가 극복해야 할 점이 무엇이라고 생각하는가?", "입사 후 포부가 무엇인가?"라는 질문에 최근의 업계 트렌드와 정책 변화에 맞춘 대답을 할 수 있다. 그래서 알고 있으면 좋은 몇 개의 채널을 추천하고자 한다.

■청년의사: http://www.docdocdoc.co.kr
의사와 일부 관계자가 주주로 참여해 만든 미디어로 의사들이 관심을 가질 만한 정부 정책, 산업 변화, 제약사 소식 등을 알 수 있다.

■데일리팜: http://www.dailypharm.com
주로 약사를 대상으로 만들어진 미디어로 커뮤니티의 역할도 하고 있다. 제약산업, 정부 정책 관련 기사나 칼럼 등을 볼 수 있다.

■메디컬 타임즈: https://www.medicaltimes.com
정부 정책, 산업 변화뿐만이 아니라 제약사들의 활동에 대한 기사들도 자주 볼 수 있고, 제약회사의 홍보 활동 등도 파악할 수 있다.

제약회사 합격을 위한
원칙 열 가지

최소한의 기본 스펙을 먼저 쌓자

국내 제약회사 공채가 올라오면 수백에서 수천 명의 지원자가 서류를 접수한다. 수천 개에 달하는 이력서와 자기소개서를 인사 팀에서 전부 읽을 것이라고 생각하는가? 인사 팀은 정기 공채, 수시 공채 등의 채용 업무 외에도 내부 직원들의 인사, 교육, 복지 등에 대한 업무도 해야 한다. 그리고 제약회사 인사 팀의 규모는 다른 회사들에 비해 크지 않기 때문에 몇 명의 인사 팀 직원들이 수천 명의 이력서와 자기소개서를 모두 읽어 줄 것이라는 환상은 버려야 한다. 물론 지원자가 적거나 작은 기업의 경우 전부 읽고 서류 필터링을 진행하는 경우도 있지만 중견급 이상의 제약회사들은 필터링 시스템을 이용한다고 보는 것이 보편적이다. 그래서 간혹 '스펙이 엉망이어도 자기소개서로 극복할 수 있다'라는 얘기가 들려오곤 하는데 그 말에 현혹당해서는 안 된다.

일단 컴퓨터 필터링의 벽을 넘을 기본 스펙부터 갖춰야 한다. 기업들도 스펙만이 전부가 아니며 스펙으로 지원자의 가치를 판단하기 어렵다는 사실을 물론 알고 있다. 그래서 일반적으로 서류 전형의 경우 높은 기준으로 필터링하지 않는다. 그야말로 다음 단계를 가기 위한 최소한의 자격을 요구하는 것이기에 자기소개서를 작성하기 전에 나의 기본 스펙부터 점검하자.

집중 스펙으로 눈길을 끌어라

이 책의 5장에서 직무 연관성이 높은 스펙들을 집중 스펙으로 분류해 설명했다. 기본 스펙이 컴퓨터의 서류 필터링을 넘기 위한 항목이라면, 집중 스펙은 자기소개서와 면접에서 빛을 발할 수 있는 콘텐츠다. 기업에 합격하는 자기소개서를 만드는 것은 글쓰기 스킬이 아니라 지원자의 진정성이다. 이러한 진정성은 집중 스펙에서 제약과 관련된 연결 고리를 만들기 위해 꾸준히 노력해왔다면 자연스럽게 드러나게 되어 있다.

지원 동기로 예를 들면, 대부분의 지원자가 회사 홈페이지에 있는 일반적인 내용을 나열한 후, '이처럼 좋은 회사이기 때문에 입사해 성장에 기여하고 싶다'라며 자신의 생각과 의견은 한 줄로 정리해 버리는 경우를 많이 봤다. 위와 같은 자기소개서는 면접관들의 눈에 들 수 없다.

반면, 제약·바이오 채용 박람회를 방문해 해당 회사의 직원을 만난 경험, 약국 아르바이트와 그 회사 제품에 대한 소비자 반응 등을 분석해본 경험을 정리해서 적는다면 지원자의 노력이 보이는 스토리가 된다. 이런 이야기가 쓰여 있는 자기소개서라면 당연히 회사 입장에서 더 눈길이 갈 수밖에 없다. 제약회사에 가고 싶다면 맞춤형 집중 스펙을 통해 자기소개서의 콘텐츠를 미리 만들어 두자.

나의 강점을 정하고 자기소개서를 쓰자

채용은 회사 입장에서 그 업무를 가장 잘 할 수 있다고 보여지며 회사가 원하는 인재에 가까운 사람을 고르는 것이다. 따라서 수천 명이 넘는 지원자 중에 '해당 직무에서 원하는 역량'을 많이 가지고 있는 사람이 뽑히는 것은 당연하다. 그 때문에 직무에서 요구하는 역량과 자신을 연결하는 것은 매우 중요하다. 스스로 생각하기에 강점이 많더라도 해당 직무에서 요구하는 강점이 아니라면 굳이 자기소개서에 적을 필요가 없다. 자기소개서에 강조할 나의 강점을 뽑아내기 위해 가장 먼저 회사에서 요구하는 역량들을 나열해 보자.

두 번째로 이 직무를 수행한다는 관점에서 나의 강점과 단점, 외부 기회 요인과 위협 요인을 분석해본다. 마지막으로 강점과 기회 요인을 종합적으로 고려해 나를 판매할 포인트를 정리해본다.

1. 직무 분석		
항목	직무 요구사항	나의 상황
학력(전공)		
학점		
자격증		
공인어학성적		
수상경력		
인턴		
대내외활동		
경력 사항		
직무에 필요한 능력		
적합한 성향		

2. 나의 SWOT 분석	
강점	단점
기회 요인	위협 요인

3. 나의 강점 정리하기

좀 더 이해를 돕기 위해 하나의 예시를 들어 보자. 채용 공고에 지원한 지원자의 8대 스펙을 봤을 때, '예전부터 제약회사로 취업하기 위해 준비해왔다'라는 느낌이 드는 맞춤형 스펙이어야 한다는 것이다. 그 안에서 강점을 어떻게든 직무와 묶어가는 것이 중요하다. 예를 들어 제약회사 마케터가 되고 싶다면 필요한 능력에 대한 현직자 인터뷰 자료와 디지털 마케팅 강화에 대한 기사를 바탕으로 본인의 강점을 뽑아낼 수 있다. 그 결과 디지털 마케팅에 대한 기업의 수요가 커지는 상황에서 이러한 역량을 갖춘 지원자라는 것을 하나의 강점으로 잡아 보자. 이렇게 정리된 몇 개의 강점들은 자기소개서의 지원동기, 성장 과정, 장·단점 등의 질문 항목에 모두 녹여서 작성한다면 회사에서 꼭 만나보고 싶은 지원자가 될 수 있다.

지원할 기업 분석은 필수로 하자

아래는 제약회사 취업 컨설팅을 하면서 실제로 자기소개서를 보고 내가 지원자에게 전달한 코멘트다.

> 참고로 지원하신 회사는 제약사가 아니라 헬스케어 플랫폼(앱, 데이터, IT 쪽) 회사입니다. 회사 홈페이지를 보면 운영하는 어플이 있으니 들어가 확인해보시길 바랍니다.

이 지원자의 경우 회사 이름만 보고 '당연히 제약회사니까 약과 관련된 업무겠지'라고만 생각하고 자기소개서를 작성했다. 이 지원자뿐만이 아니라 지원하는 기업에 대해서 제대로 조사하지도 않고 자기소개서부터 쓰거나 모든 제약회사에 같은 내용을 붙여넣어 회사 이름만 바꿔 쓰는 지원자들도 많다. 이건 취업을 그냥 운에 맡기는 도박과도 같다.

요즘 국내 제약회사들은 의약품뿐만이 아니라 사업을 다양한 분야로 확장하는 중이다. 화장품, 헬스케어, 의료기기, 식품, 반려동물 사업, 데이터 사업 등 자회사 설립을 통해 여러 산업 분야에서 사업을 진행하고 정기 공채 시에 공고를 같이 내는 경우가 있다. 물론 정기 공채 시기가 몰려 있어서 기업 분석을 탄탄히 하는 것이 쉽지는 않겠지만 기업 홈페이지나 최근 기사를 분석하거나 증권사 제약 분석 리포트 또는 유튜브 방송 등만 훑어봐도 해당 기업에 대한 감을 잡을 수 있다. 또는 제약회사 취업을 원하는 사람들을 모아놓은 스터디 그룹을 통해 기업 분석을 분담하는 것도 좋은 방법이다. 취업은 운이 아니라 노력의 결과라는 점을 명심하자.

자기소개서에는 마법 같은 단점을 적자

취업 컨설팅을 진행할 때 취준생에게 매번 빠지지 않고 수정을 제안하는 파트가 본인의 장·단점을 기술하는 항목이다. 대부분 장점에 대해서는 나름 본인의 에피소드를 바탕으로 잘 서술하는데 단점의 경우 기승전결 없이 진짜 단점을 적는 지원자들이 많다. 자기소개서에 솔직한 단점을 그대로 노출하는 것은 좋지 않은 방법이다. 내가 지원하는 직무의 특성을 고려해 자신이 가지고 있는 여러 개의 단점 중 해당 업무에서 장점으로 변하는 마법 같은 단점을 선택하는 것이 매우 중요하다.

실제 진행한 컨설팅 사례로 제약회사의 품질 관리 부서에 지원한 지원자가 있었다. QC는 품질을 담당하는 부서로, 판매하는 것이 의약품이다 보니 품질에 문제가 생기면 환자의 생명에 위협적일 수 있어 매우 중요한 부서다. 품질에 불량이 발생한다면 원인을 파악하고 문제를 해결하고자 하는 끈기가 QC 부서에 꼭 필요한 역량이다. 그런데 이 지원자가 적은 단점은 본인이 어떤 일을 할 때 쉽게 포기한다는 점이었다.

기업의 입장에서 쉽게 잘 포기하는 QC 담당자를 뽑고 싶을까? 회사가 던지는 모든 질문의 결론에 '내가 이 직무에 가장 적합한 사람이다'라는 것이 드러나게끔 이끌어 나가야 한다.

입사 후 포부는 회사의 입장에서 적자

입사 후 포부를 물어보면 일부 지원자들은 'MBA나 자격증, 영어와 같은 공부를 해서 열심히 노력하겠다'라고 답한다. 회사에 입사하기 위한 자기소개서는 대학교처럼 '열심히 공부하겠다'가 아닌 '이윤을 추구하는 기업에 내가 어떻게 기여해서 돈을 벌게 해주겠다'는 포부를 적는 것이다.

학생 때는 '공부를 열심히 하겠다'라고 하면 부모님과 학교 모두 만족하는 최선의 답변이었지만 직장인에게는 '회사가 돈을 벌기 위해 내가 어떻게 기여하겠다'라는 것이 최선의 답이다.

회사는 비영리단체가 아니다. 그중에서도 특히 학교가 아니다. 회사에 입사한 후, 회사에서 지원해 주는 비용으로 MBA를 하고 영어 공부를 하는 것은 회사가 복지로써 지원하기는 하지만 궁극적으로 바라는 것은 절대 아니다.

그래서 나는 입사 후 포부로 최근 해당 기업이 추구하는 신사업이나 미래 사업 비전 또는 현재 겪고 있는 이슈에 대한 기업 분석과 조사 자료를 바탕으로 '내가 그러한 신사업 성장에 기여를 하겠다'라거나 어려움을 겪고 있는 사항에 대해서 '내가 해결할 수 있는 연결고리가 있다면 문제해결을 위해 회사에 기여하고 싶다'는 등으로 적으라고 추천한다. 자기소개서를 쓸 때 자신의 관점이 아니라 철저히 뽑을 권한이 있는 회사의 입장에 서서 생각해야만 한다.

첫 번째부터 여섯 번째까지의 팁은 제약회사 취업을 위해 콘텐츠를 어떻게 구성할 것인지에 대한 내용이었다. 나는 이력서와 자기소개서를 통과하게 만드는 힘의 70% 이상은 남들과 차별화된 콘텐츠라고 생각한다. 그런데 가끔 콘텐츠가 좋음에도 글쓰기 스킬이 없어서 전달되지 않거나 소소한 실수로 인해 떨어지는 경우가 있다. 지금부터는 기술적인 면에서 주의해야 할 점에 대해 공유하고자 한다.

지원하는 회사와 제품 이름을 절대 틀리지 말자

설마 본인이 지원하는 회사의 이름을 틀리는 사람이 있을까 싶지만 꽤 있다. 온라인 취업 사이트에서 기업 인사 담당자 425명을 대상으로 조사한 결과 가장 치명적인 실수로 기업명 잘못 기재(19.2%)가 1위를 기록했다. 그리고 인사 담당자의 42.1%는 이러한 경우 감점 처리, 31.8%는 무조건 탈락시킨다고 답변했다.

제약회사 중에서도 자주 이름을 틀리는 회사들이 있는데 GC녹십자와 JW중외제약이다. 지원자들이 위의 기업명을 적을 때, 앞의 영어 스펠링을 빼놓고 적는 것이다.

정식 명칭을 지켜서 정확히 적어주는 것이 좋다. 그리고 상품명이 영어인 경우가 많아서 틀리는 경우도 많이 봤다. 이는 마치 내 이름이 이성현인데 김성현이라고 부르는 것처럼 회사 입장에서는 유쾌하지 않은 경험이다. 회사 이름과 제품 이름처럼 사소한 것을 잘못 기재하지 않도록 주의하자.

각 항목 타이틀은 유튜브 썸네일과 같다

채용 담당자 입장에서 생각해 봤을 때 지원자들이 제출하는 자기소개서가 재미있을까? 여러 명의 자기소개서를 읽다 보면, 그들은 지원자의 스토리가 적당히 녹아 있지 않은 경우 내용이 비슷하다고 느낄 것이다.

그래서 앞에 몇 문장 또는 한두 개의 질문에서 임팩트가 없는 경우 끝까지 읽어보지 않아도 되겠다고 생각한다. 그래서 자기소개서도 어느 정도의 긴장감과 흥미 유발이 필요하다.

유튜브 썸네일을 떠올려 보자. 쓱쓱 넘어가는 손가락을 멈추게 하는 것은 일단 '뭐지?'라고 궁금증을 유발하는 썸네일 멘트다. 그리고 시각적인 배경이 함께 어우러져 결국 그 영상을 클릭하게 만든다. 각 질문 항목의 타이틀도 유튜브 썸네일과 마찬가지라고 생각한다. 어떤 내용일지 타이틀만 읽어도 알 것 같아 임팩트가 전혀 없다면 채용 담담자의 시선을 그다음으로 넘어가게 만드는 힘이 없다. 그래서 흥미를 유발하면서도 임팩트가 있는 타이틀을 선정하고 나만의 스토리를 풀어가는 것이 정말 중요하다.

간결하고 깔끔한 답변이 중요하다

자기소개서를 읽다 보면 같은 문장을 몇 번 반복해서 읽어야만 내용을 파악할 수 있는 경우가 종종 있는데, 대부분 글을 정돈하지 않은 채 길게 나열했기 때문이다. 그래서 분명 끝까지 읽었는데도 '내용이 뭐지?'하고 맥락이 잡히지 않는 경우가 생긴다.

이런 경우 인사 담당자가 다시 읽어 줄 것이라고 생각한다면 그건 오산이다. 인사 담당자의 머리에 쏙쏙 들어가는 문장을 만들어야 쉽게 읽히는 글이 되고 내용 전달이 잘 되어서 합격 가능성이 커질 것이다. 그래서 자기소개서 문장과 문단을 잘 나누고, 한 문장의 길이도 너무 길지 않도록 주의해서 적을 필요가 있다. 그리고 내가 쓴 자기소개서를 구두로 읽어 내려가는데 어색함이 없는지, 흐름이 부자연스러운 부분은 없는지 미리 체크해보면 좋다.

나의 스토리에 구체적인 수치와 근거를 달자

'열심히 했다', '우수한 결과가 나타났다', '모범이 됐다' 등의 표현은 나의 스토리를 구체적으로 보여 줄 수 없으며 진정성 있는 자기소개서가 되기에도 한참 부족하다. 그래서 내가 경험한 내용과 이뤄낸 성과를 설명할 때, 구체적인 시점과 결과를 수치를 통해 나타내면 인사 담당자들이 좀 더 직관적으로 이해하기가 편하다.

예를 들어 "주류 영업 아르바이트를 통해 우수한 매출을 만들었습니다"라고 적기보다는 "주류 영업 아르바이트를 통해 2개월이라는 짧은 시간 내에 전분기 대비 30% 매출 성장을 끌어낼 수 있었습니다"와 같이 적는 게 좋다. 이처럼 인사 담당자에게 와닿는 자기소개서를 쓰기 위해서는 구체적인 수치와 상황, 근거 등을 함께 언급하는 것이 바람직하다.

제약·바이오 회사 분석표

(단위: 억 원, 명, 백만 원)

순서	회사명	매출액	사원 수	신입사원 초봉(잡코리아)	신입사원 초봉(캐치)
1	한국화이자제약㈜	16,939	450	4,025	3,780
2	㈜유한양행	16,241	1,882	4,300	-
3	셀트리온	16,158	2,197	-	4,325
4	삼성바이오로직스㈜	15,680	4,260		4,420
5	㈜종근당	13,339	2,200		4,415
6	GC 녹십자	11,703	2,270	3,700	3,940
7	㈜대웅제약	10,551	1,559	3,700	4,191
8	SK바이오사이언스	9,290	981	-	3,578
9	한미약품㈜	9,170	2,274	4,000	4,090
10	광동제약㈜	8,252	1,078		4,245
11	에이치케이이노엔㈜	7,683	1,653		4,066
12	제일약품㈜	7,016	1,009		4,283
13	JW중외제약㈜	6,848	2,181	3,700	3,687
14	㈜보령	6,000	1,432	4,100	3,562
15	동아에스티㈜	5,901	1,666		4,055
16	일동제약㈜	5,610	1,616		4,801
17	한국엠에스디	5,419	650	3,800	3,996
18	동국제약㈜	5,154	1,122	4,100	3,392
19	㈜한독	5,111	958	3,000	3,989
20	동아제약㈜	4,374	906	3,688	3,642
21	㈜휴온스	4,036	844	-	3,731
22	㈜셀트리온제약	3,987	822		3,419
23	㈜한국얀센	3,938	527		3,828
24	㈜한국로슈	3,439	257		4,056
25	대원제약㈜	3,391	1,000		-
26	한국베링거인겔하임	2,924	161		3,814
27	동화약품㈜	2,722	716	3,640	3,958
28	한국아스텔라스제약㈜	2,657	309	4,500	-
29	삼진제약㈜	2,501	704	4,745	4,969
30	한국휴텍스제약	2,368	145		-
31	알보젠코리아㈜	2,320	433		-
32	일양약품	2,303	668	3,800	4,100
33	한국유나이티드제약㈜	2,159	834		3,800
34	명인제약㈜	2,095	441	4,410	-
35	한국오츠카제약㈜	2,066	378	4,000	3,830
36	하나제약㈜	1,965	630		3,386
37	영진약품㈜	1,961	618	3,900	3,904
38	한림제약㈜	1,843	494	4,120	4,500
39	부광약품㈜	1,816	601	3,488	3,247
40	㈜경보제약	1,808	400	3,600	4,649
41	신풍제약㈜	1,798	782		3,962
42	경동제약㈜	1,778	643	4,100	3,724
43	환인제약㈜	1,772	520	3,550	3,307
44	대한약품공업	1,715	681	-	3,169
45	대한뉴팜㈜	1,666	360	-	-
46	코오롱생명과학㈜	1,651	436	3,868	3,638
47	JW생명과학㈜	1,642	281		3,564
48	동광제약㈜	1,558	450		3,513
49	안국약품㈜	1,510	388	4,000	4,000
50	이연제약㈜	1,428	515	-	3,982

* 초록색 글자는 캐치에서 가져옴

출처: 잡코리아, 캐치

바이오 의약품 업체별 상위 10위 생산실적

(단위: 백만 원, %)

순위	업체명	2018년	2019년	비중	증감률
1	셀트리온	7,259	5,924	23.3	-18.4
2	GC녹십자	5,782	5,781	22.8	0.0
3	LG화학	2,094	2,380	9.4	13.7
4	메디톡스	1,272	1,171	4.6	-7.9
5	에스케이바이오사이언스	1,043	1,114	4.4	6.8
6	에스케이플라즈마	966	1,096	4.3	13.5
7	동아에스티	818	957	3.8	16.9
8	휴젤	557	587	2.3	5.4
9	보령바이오파마	437	526	2.1	20.2
10	대한적십자사혈장분획센터	447	466	1.8	4.4
	총 생산실적	26,113	25,377	100.0	-2.8

출처: 2020 제약산업 분석 보고서

R&D 투자금액 상위 20위 기업

(단위: 백만 원, %)

순위	기업명	2019년		
		매출	R&D 투자	R&D 집중도
1	셀트리온	1,128,459	303,061	26.9
2	한미약품	1,113,649	209,779	18.8
3	LG화학(제약)	622,184	163,500	26.3
4	GC녹십자	1,369,709	150,677	11.0
5	대웅제약	1,113,425	140,569	12.6
6	유한양행	1,480,353	138,222	9.3
7	종근당	1,079,337	138,026	12.8
8	동아에스티	612,310	76,975	12.6
9	일동제약	517,467	57,405	11.1
10	삼성바이오로직스	701,591	48,507	6.9
11	제넥신	11,303	42,494	376.0
12	헬릭스미스	4,454	41,235	925.8
13	JW중외제약	511,335	40,703	8.0
14	보령제약	524,268	37,680	7.2
15	신라젠	9,068	36,744	405.2
16	SK케미칼(제약)	420,395	36,329	8.6
17	에이비엘바이오	3,988	31,770	796.6
18	휴젤	204,567	31,522	15.4
19	메디톡스	205,900	29,458	14.31
20	한국유나이티드제약	221,310	26,850	12.1

출처: 2020 제약·바이오 산업 데이터북

문과생
제약회사로
출근합니다

초판 1쇄 인쇄 2022년 6월 28일
초판 1쇄 발행 2022년 7월 8일

지은이 백소영
펴낸이 정용수

편집장 김민정 편집 조혜린
디자인 김민지
영업·마케팅 김상연 정경민
제작 김동명 관리 윤지연

펴낸곳 ㈜예문아카이브
출판등록 2016년 8월 8일 제2016-000240호
주소 서울시 마포구 동교로18길 10 2층
문의전화 02-2038-3372 주문전화 031-955-0550 팩스 031-955-0660
이메일 archive.rights@gmail.com 홈페이지 ymarchive.com
인스타그램 yeamoon.arv

백소영 ⓒ 2022
ISBN 979-11-6386-098-3 (03320)